小芯片中的大智慧

——高中选修课程"嵌入式控制"的建构与实施

严安东　宋小宏　著

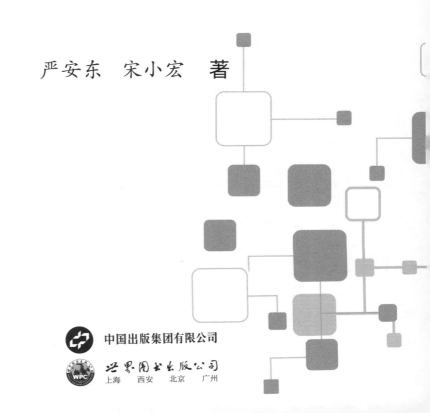

中国出版集团有限公司

世界图书出版公司

上海　西安　北京　广州

图书在版编目（CIP）数据

　　小芯片中的大智慧：高中选修课程"嵌入式控制"
的建构与实施 / 严安东，宋小宏著. —上海：上海世
界图书出版公司，2023.4
　　ISBN 978-7-5232-0336-1

　　Ⅰ. ①小… Ⅱ. ①严… ②宋… Ⅲ. ①高中—选修课
—课程建设—研究 Ⅳ. ①G632.3

　　中国国家版本馆 CIP 数据核字（2023）第 059317 号

书　　名	小芯片中的大智慧——高中选修课程"嵌入式控制"的建构与实施
	Xiao Xinpian Zhong de Da Zhihui — Gaozhong Xuanxiu Kecheng
	"Qianrushi Kongzhi" de Jian'gou yu Shishi
著　　者	严安东　宋小宏
责任编辑	魏丽沪
封面设计	袁　力
装帧设计	南京展望文化发展有限公司
出版发行	上海世界图书出版公司
地　　址	上海市广中路 88 号 9 - 10 楼
邮　　编	200083
网　　址	http:// www.wpcsh.com
经　　销	新华书店
印　　刷	上海景条印刷有限公司
开　　本	890mm×1240mm　1/ 32
印　　张	8.125
字　　数	195 千字
版　　次	2023 年 4 月第 1 版　2023 年 4 月第 1 次印刷
书　　号	ISBN 978-7-5232-0336-1/ G · 794
定　　价	68.00 元

Preface | 序 言

　　刚到新岗位就职,安东老师和小宏老师把《小芯片中的大智慧》的书稿送到我的案头,要我写一个序。她们说,这是我和她们共同的心血。的确,我亲历了"嵌入式控制"课程的发展,也见证了她们的成长,所以欣然写下以下文字以代序。

这本书是一线教师近二十年课程开发实践与教学经验的总结。

　　此书以"嵌入式控制"课程为例介绍了两位老师探寻高中选修课程建设逻辑与路径的全过程,这是一线教师近二十年课程开发实践与教学经验的总结,也是她们教育智慧的归纳整理和理论提升的呈现。

　　今天,我们处在一个新技术层出不穷的时代,而我们的学生未来是这个新时代的重要建设者,我们的课程不仅要注重对学生知识方面的培养,还必须关注学生的综合素养的发展。"嵌入式控制"课程多管道链接知识与现实世界,把深奥的知识用中学生易懂能学的方式一步一步呈现在学生面前,实现提升学生创新能力与综合素养的价值追求。以项目为主的教学设计,让学生实现从理论到技术、从技术到实践、从实践到应用的自我突破,使课程在实践中实现"不设限"的自由学习氛围,从而使师生达到"解决问题"为目标的学习动力体现,这些都为高中选修课程的建构与实施提供了参考和思路。

这本书展示的是师生自由生长的力量。

我在嘉定一中任校长期间,始终以"办一所安静而丰富的学校"为办学愿景。所谓安静,就是有坚守、有力量、有信仰、有一以贯之的价值追求;所谓丰富,就是有传承、有创新、有内涵、有嘉言懿行的精神气质。教师心态平和地研究教育的本真问题,带领着充满阳光气息、自信满满的学子,师生沉稳地行走在用习得的知识去关注现实世界的成长之路上。我们的嘉懿学子在三年高中学习经历中不断地习得知识,丰富自己的精神生活,提升自己的智力品质,这就是遇见自己的成长过程。我们的教师何尝不是如此?一线老师在一个"安静而丰富"的校园环境中,对教育进行深入的思考和独创性的探索,并将此沉淀成文字,磨砺思想,助推专业成长,实现学生、教师和学校的不断成长和创新。

这就是安静而丰富的力量!坚守生命本真,沉静稳重,不浮躁,不喧闹,遵循教育规律,不激进,不功利,在教学相长中,学生就能有机会成长为真正的自己,并努力成为更好的自己,教师同样能不断地遇见自己、超越自己。

这本书展示的是教育人的价值追寻。

康德有言:"对自然美抱有直接兴趣,永远是心地善良的标志。"

作为教育人,我们需要思考:如何始终坚守教育人之善,让教育的自然之美绽放!

我们需要追问:我们身处一个怎样的世界?这个世界需要怎样的人才?我们的教育可以有怎样的作为?

作为教育人,我们为学生成长创设丰富多元、可供选择的平台,激发孩子们的兴趣、动机和潜能,发现孩子的优势,欣赏之、夸大之,给出正向积极的心理暗示,能够走进孩子的内心,给孩子以正向的推动力。

　　我们用教与学搭建起连接知识与现实世界的桥梁,在开放式的学习空间里充盈着合作攻坚、项目驱动、研究发现、创新突破等元素,让兴趣发现、潜能发掘、个性发展成为可能。

　　教育为育人而开启,我们的教育为每一位学生的未来可持续发展奠定厚实的基础,带领学生成长为心中有火、眼中有光、脚下有力的优秀人才。

　　最后,我想以三点与作者以及所有教育人共勉。

　　"痛并快乐着"——打破自己、切实改进,是一件很"痛"的事情,然而快乐却往往产生于当我们倾己所能完成一次次更新、一项项任务时,或在完成过程中获得心智成长和潜能实现之时。

　　"我们在路上"——在路上的人,无暇顾及其他,就是在教育现场有定力地"更新一次次的更新""开始一次次的开始""实现一次次的实现""成就一次次的成就"。

　　"唯有教育,让我们永远谦卑"——在教育前行的道路上,教育人当始终保有理想主义的理性思考,更要坚定理性思考下的有序行动。

2023 年 2 月 18 日

Contents | 目　录

第一章　源起与发展

　　课程是学校教育的核心要素，课程建设是一个长期探索、不断优化的过程。本章主要梳理了上海市嘉定区第一中学学校选修课程探索的三个阶段以及"嵌入式控制"课程发展的三个阶段，学校从选修课程选择与项目开发探索阶段、选修课程发展与特色课程建构阶段发展到选修课程领航与育人方式辐射阶段，而"嵌入式控制"课程也随着技术的进步不断与时俱进、更新迭代，在每个不同阶段发挥着育人功能。

第一节　选修课程的发展

　　选修课程是基于学生的学情，根据学生的兴趣而开设的课程，它是提升学生核心素养，培养学生综合能力的有效途径之一。近年来，作为基础教育课程结构中的一部分，选修课程的开发实施逐步成为教育探索的热点问题。

　　1999 年，第三次全国教育工作会议以中央文件的形式规定学校课程在中学阶段可以占到课程总量的 16%。

　　2001 年 6 月，《基础教育课程改革纲要（试行）》指出实行国家、地方和学校三级的课程管理,以此增强课程对学生的适应性。

2003 年,《普通高中课程方案(实验)》中提出赋予每个学校充分而合理的课程自主权。

2007 年,各学校广泛推广高中新课程体系,高中选修课程的开设为学生提供了多样化选择,同时高中的课程结构也得到进一步完善。

2017 版《普通高中课程方案》对普通高中教育给出了更清晰准确的定位,优化了普通高中的课程设置。普通高中课程由必修课、选择性必修课和选修课组成,在保证基础课程学习的同时,增加了课程的多样性与选择性,满足学生的要求。

《普通高中课程方案(2020 年修订版)》提出选修课程由学校根据实际情况统筹规划开设,学生自主选择修习,学而不考或学而备考,为学生就业和高校招生录取提供参考。

国外关于选修课程的开发实施的研究早于我国,注重开设选修课程以帮助学生根据自身的需求与特点选择适合自己的课程。

20 世纪 60 年代前后,伴随着英美"教师即研究者"运动兴起了"校本研究"。

法国主导让学生的学习在必修课程基础上,逐渐增加选修课程,强调学生能力的培养和知识的获得,让学生通过多样性的选修课程学习全面发展自我。

韩国以追求人性化为主要教育目的,通过课程结构的优化建立了"以学为中心"的课程体系,从而促进学生的个性的发展、能力的培养。

日本主张学生生存能力、创造力的培养,尊重学生个性化发展,开设了多样化和特色化的高中课程,学生可以自主选课。

美国关注学生实践能力的培养，注重将所学知识与现实生活相关联，强调学生把所学习的技能跟未来的发展方向紧密结合。

德国关联学生的特长培养与其未来的发展，培养学生的社会责任感。

可见，"基础＋选择"的普通高中课程定位观被各国教育研究者们所接受，高中理应开设多样化的选修课程用以帮助学生完成大学准备、职业准备和社会生活准备，以此发展学生的自由个性，同时也促进教师的专业成长。

第二节　学校选修课程的探索历程

上海市嘉定区第一中学(以下简称嘉定一中)是一所具有丰厚文化底蕴的实验性示范性高中，有着多年学校课程建设的实践经验。学校以课程实施为抓手，着力发展素质教育，深化教育教学改革，培育中学生核心素养并促进学生全面而有个性地发展，不断提升高中教育教学质量、落实立德树人根本任务。

一、学校选修课程选择与项目开发探索阶段(1999—2007年)

1999年，嘉定一中成为上海市十一所寄宿制高级中学之一，开展了"主体—发展性教育"的实践与研究。学校制订了《创建实验性、示范性高中规划》，其中特别提出"创建科技教育特色是一项立足于我校实际、推进研究型课程的重要工作"。学校从学法指导和学习方式转变入手，改革课堂教学，把普及科学知识、科学方法、科学思想、科学精神贯穿到学校科技教育教学全过程中。

针对研究型、拓展型课程——《普通高中课程方案(2017年版

2020年修订)》中这两类课程归入选修课程——特色不显、受众窄小的现实,学校借助搬入新校址的契机,顺应上海市课程改革趋势,构建了课程内、课程外两个板块,初步确立科创类选修课程教育为学校特色项目,形成了科创类选修课程运行框:基础型课程关注强基,做实塔基,在各学科教学中渗透科创教育,帮助学生习得和应用科学知识;拓展型课程关注潜能,做活塔中,聚焦科创理工类选修课程,形成课程纲要和课程规划,指导学生规范有效参与课程;研究性学习关注生涯,做精塔尖,面向学生专业志趣培养,借助创新大赛等活动平台,为特长学生提供展示个性、发展个性的舞台(如图1-1所示)。

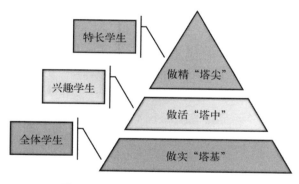

图1-1 科创类选修课程运行框架

这一阶段,学校开发了一批选修课,"嵌入式控制"课程就是其中之一,它为学生搭建了知识应用、问题解决、尝试研究的平台。

二、学校选修课程发展与特色课程建构阶段(2008—2016年)

这一阶段,针对选修教育课程系统不完善、特色课程成效不凸显的问题,学校借力科技团队在逐步完善选修课程框架的基础上,从目标、载体等多方面探索教育转型和实施新时期人才培养的创新举措,有效建构精英课程,全方位打磨"数学建模""嵌入式控制""未来工程师"等精英课程,为精英学生提供了较为丰富的课程选择。

基于课程定位,学校界定了科创精英选修课程的基本目标、学习载体、课程内容和活动形式。基本目标确定为培养学生发现问题、提出问题、解决问题的能力以及永不满足、追求卓越的态度。学习载体呈现为学生从学习生活和社会生活中获得的各种课题或项目设计、作品的设计与制作等过程。课程内容包括学生在提出问题和解决问题的全过程中学习到的科学研究方法、获得的丰富且多方面的体验和科学文化知识等。活动形式表现为在教师的指导下,学生采用自主探究、合作交流、跨学科学习等丰富多元的学习方式开展项目化研究。

学校制定了《学校选修课程开发和实施的管理办法(试行)》,出台了《嘉定一中选修课程教育奖励方案》试行稿,充分发挥评价的导向、激励、调控和发展的功能,在制度上保障选修课程的实施。学校对校科技馆、现代技术实验室、纳米实验室、机器人工作室等科技活动硬件设施进一步完善,投入百万余元资金新建了生命科学实验室和嵌入式控制实验室,在硬件上创设了良好的科技创新教育环境。

在"合作—创新教育"的办学理念指导下,学校构建了"为每一位学生未来可持续发展奠定厚实的基础"的嘉懿课程(见图1-2),贯通了基础型课程、选修课程、研究型课程,选修课程是嘉懿课程的重要组成部分,旨在培养学生的创新能力、创新精神与创新品质。

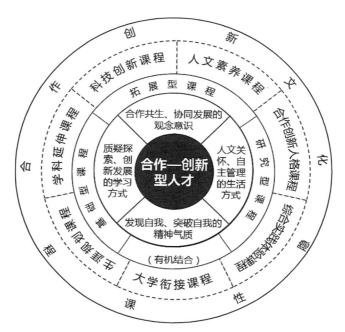

图 1－2　"合作—创新"理念下的嘉懿课程

三、学校选修课程领航与育人方式辐射阶段（2017 年至今）

　　根据教育部印发的《普通高中课程方案和语文等学科课程标准（2017 年版 2020 年修订）》，基于学校品质提升要求及"十四五"规划发展需要，学校以"精准对标、多元探索、个性发展"为主线，"分级—分类—进阶"实施必修、选择性必修以及选修课程，通过"梳理—链接—改进—辐射"积极实践国家课程校本化实施、校本课程多样化开发、研究性学习个性化设计，实现学校全面而有个性的课程育人目标。

　　针对传统教育重知识学习、轻素养学习的问题，学校系统梳理科创教育撬动育人方式变革的关键因素，建构多维课程学习内容、多元学习

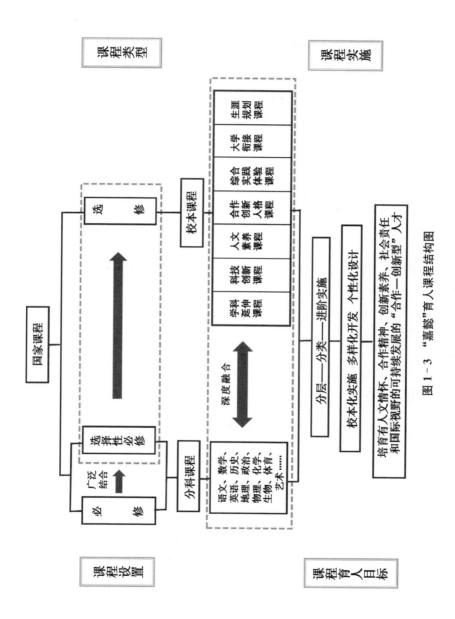

图 1 - 3 "嘉懿"育人课程结构图

方式、丰富的学习场域、创新型教师培育机制和科创教育辐射贯通机制。

为使得每一位学生能全面而有个性地发展与成长,学校坚持以正确的政治方向作为宏观要求,以能够反映时代要求、经过科学论证以及适应继承发展为基本原则,参照教育部《普通高中课程方案和语文等学科课程标准(2017年版2020年修订)》,在保证国家指定必修课程和选择性必修课程学习基础上根据学校学生的多样化需求,结合上海市社会、经济及文化发展需要整合必修课程、选择性必修课程以及以"嘉懿"为特色的育人课程(见图1-3),系统性地研发了选修性质的校本课程,以供学生自主选择修习。

第三节 "嵌入式控制"选修课程的开发历程

课程的开发不是一蹴而就的,它是根据时代的变革和社会的发展不断地成熟完善的。随着学校选修课程发展的三个阶段,"嵌入式控制"课程从无到有,与时俱进地更新与发展着。

一、"嵌入式控制"课程的基础

"嵌入式控制"课程的基础是信息技术学科,这是基于信息技术课程标准,结合学校实际情况开发的一门信息技术校本选修课程。

普通高中信息技术课程是一门旨在全面提升学生信息素养,帮助学生掌握信息技术基础知识与技能、增强信息意识、发展计算思维、提高数字化学习与创新能力、树立正确的信息社会价值观和责任感的基础课程。高中信息技术选修课程是为满足学生多样化的兴趣爱好、个性化的职业选择而开发设计的自主选修课程。

在 2003 年教育部印发的《普通高中技术课程标准（实验稿）》中，人工智能初步是信息技术课程五大选修模块之一（见图 1－4）。

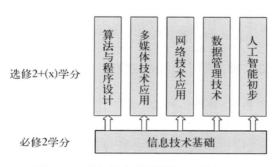

图 1－4　信息技术选修模块（2003 年版）

在《普通高中信息技术课程标准（2017 年版 2020 年修订）》中（见图 1－5），高中信息技术课程分成必修、选择性必修、选修三个模块，其中选修课程包括"算法初步""移动应用设计"以及各高中自行开设的信息技术校本课程。

类　别	模　块　设　计	
必修	模块 1：数据与计算 模块 2：信息系统与社会	
选择性必修	模块 1：数据与数据结构 模块 2：网络基础 模块 3：数据管理与分析	模块 4：人工智能初步 模块 5：三维设计与创意 模块 6：开源硬件项目设计
选修	模块 1：算法初步 模块 2：移动应用设计	

图 1－5　信息技术课程结构（2017 年版）

"嵌入式控制"课程与教育部颁布的《普通高中技术课程标准》

(2003 年)中"算法与程序设计""人工智能初步"和《普通高中信息技术课程标准(2017 年版 2020 年修订)》中的"人工智能初步""开源硬件项目设计""算法初步"等模块的知识有相当高的吻合度,可以说,"嵌入式控制"是相关模块知识的整合与拓展。

二、"嵌入式控制"课程的发展过程

(一)从无到有,落地生根

普通高中教育往下连接基础教育,往上影响高等教育,横向上联系职业教育,因此,高中选修课程开发建设需基于学生已有基础,着眼学生未来发展,结合时代背景,满足学生需求。

21 世纪初,随着大规模集成电路的发展以及计算机在社会各个领域的渗透,单片机的应用越来越广泛。单片机体积小,功耗低,功能强,同时价格便宜,使用方便,工作可靠,因此特别适用于与控制相关的系统,如数据采集、智能化的仪器仪表等。21 世纪是智能化现代电子系统时代,而单片机则是这些智能控制系统的核心部件。

有人说:"凡是能想到的地方,单片机都用得上。"这句话并不夸张。可在当时我们的学生对有关单片机的嵌入式控制知识却知之甚少,甚至毫不了解。今日教育的超前发展,是为以后的经济和社会发展打基础。为提高学生对未来社会的适应性,单纯地对学生进行计算机操作的训练已不能适应信息社会对人才培养的需求。在高中选修课程中及时增加有关单片机知识的教学内容是有必要的。

2006 年,我们着手开发"嵌入式控制"课程,通过单片机的学习使学生了解到高科技就在我们身边,并且可以通过自己的动手实践使这种科学技术转化为服务于人类的产品,培养学生对社会的责任心和使命感。

（二）开拓创新，逐步完善

"嵌入式控制"课程让学生了解了单片机控制系统的开发步骤以及软件设计的基本方法，得到了很多动手实践操作的机会。逐渐地，学生不再满足于对一个被控对象的控制，更希望能综合控制电机、舵机、传感器等设备，于是，我们逐步引入机器人设计与开发的内容，根据学生自己设计的项目完成对各个设备的总体规划控制的实践。

机器人技术的研究始于 20 世纪 60 年代初，在六十余年的发展历程中，机器人技术在工业、服务业和医疗业等众多领域得到了广泛应用，取得了令人瞩目的成绩。同时，机器人教育在教育界也得到了普及应用，机器人相关科学知识与技能学习被现代教育学家认为是培养学生科技创造能力以及想象力的一个有效工具，实践证明，在中小学开展机器人教育，除了普及机器人先进的科学知识、提高机器人技术的应用水平外，还有助于提升学生的逻辑思维能力、实践动手能力以及创新精神。

在这一阶段的课程实施中，我们增加了机器人概念、硬件结构、功能及应用状况等知识，以单片机控制为核心，以制作、控制机器人为目标开展课程。

（三）与时俱进，不断充实

课程内容必须是动态的，需要根据当下技术发展水平及时进行调整与重组，即体现课程建设的"求新、求异、求变"。

如今，随着人工智能理念的引入，学生期待对机器人进一步开发，让机器人会做、会想、会说、会思考，于是我们将课程进一步进行了延伸和发展，以"大单元""大概念""核心任务"为关键词，从"内容重构—结构重构—方法重构"三个维度，确定了三个项目，从生活出发，以实践为导向，以实际应用为主线，以具体的实验和任务引入适合中学生接受的相关知识,将人工智能的相关知识化整为零地渗透到各个项目中。

"嵌入式控制"课程是动态发展的(见图1-6),从单片机控制到机器人设计,再到引入人工智能内容,我们根据学生的需求,从真实的社会运转和人类活动中选择课程内容,在传统课程基础上不断延伸,实现教育内容传统性与发展性的统一。

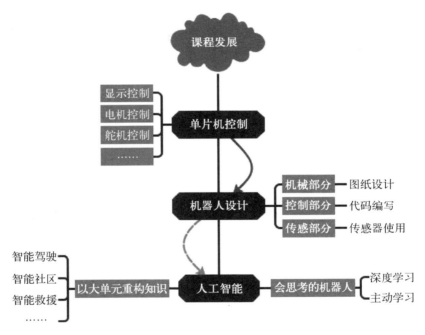

图1-6 "嵌入式控制"课程发展过程

多年的实践证明,"嵌入式控制"课程既有硬件制作又有软件设计,既动脑又动手,有利于挖掘青少年的潜能,培养学生的创新思维能力,综合设计能力,科学地分析问题和解决问题的能力,促进青少年素质的全面发展,是提高学生素质的上佳选择。

第四节 实验室的发展

实验室是各学校进行实践教学和从事研究的重要场所,课程的开发实施离不开实验室,实验室的建设水平也体现了课程的实施水平、科学水平和管理水平。

随着教育教学改革的不断深入,学校加大各类创新实验室的建设力度,营造了优良的学科实验环境,为转变学生的学习方式、促进学生可持续学习力的提升、培养学生科技人文创新素养提供了有效载体。

一、实验室初建

学校为了科创课程开发和实施的需要,购置了需要的实验器材,逐步组建实验室,第一个校内嵌入式控制实验室于 2008 年正式成立。该实验室以 PIC 单片机为教学载体,以了解嵌入式控制系统、设计嵌入式控制系统为教学目标,着力提高学生的科技创新素养以及对未来社会的适应性。

(一)创办理念

嘉定一中贯彻科技育人的理念,注重学生科技创新素养的培养,努力为每个学生搭建"自主发展"的平台,促进学生的发展。嵌入式控制实验室正是在此办学理念下创办起来的。该实验室遵循高中生的认知规律,努力做到以下三点。

1. 从诱导学生的创新意识和实践意识出发,使学生逐渐从参与创新实践到勇于创新实践,逐步培养学生的创新精神和创新能力。

2. 为学生提供实践制作和开发、自主管理、自主学习以及对专项课题进行研究的工作平台,提升学生创新实践能力、分析问题和解决问题的能力。

3. 促使学生通过实验室的学习探究活动,了解嵌入式控制这个领域的发展和应用状况,增强对科技的好奇心,提高对科技的内在兴趣,引导学生的专业方向,为大学输送更多有思想、有能力的优秀人才。

总之,嵌入式控制实验室的理念是:勤思考,勇探索,过程中体验;做中学,学中做,实践中创新。

（二）基本建设

学校首个嵌入式控制实验室投资 20 万元,占地 100 平方米,分五大主要功能区(见图 1-7)。

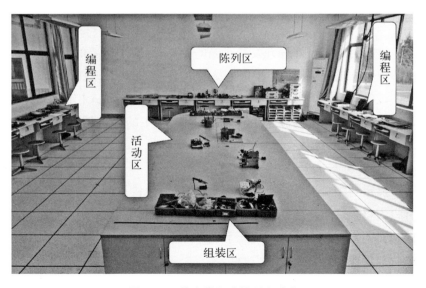

图 1-7　首个嵌入式控制实验室

1. 教学区——进行嵌入式控制基本教学活动及基础实验活动。

2. 活动区——学生测试嵌入式控制系统作品的空间。

3. 组装区——提供专用课桌和工具，搭建和改装嵌入式控制系统。

4. 编程区——编写程序，调试作品。

5. 陈列区——展示学生自己创作的科技创新作品。

实验室配备电子计算机、单片机编译器、示波器、稳压电源等设备，为学生配备实验箱（见图 1-8），提供学生进行嵌入式控制系统研究和开发的必要硬件设备。

实验室为学生提供了自主探究的学习环境，于 2012 年评选为"上海市创新实验室"，2014 年被评为 Robo Cup 青少年世界杯活动特色基地。

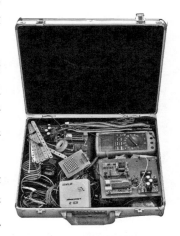

图 1-8　实验箱

二、实验室更新

在国家及上海市新一轮教育综合改革中，嘉定区第一中学在原有办学基础上，深入探索科技教育与人文教育对学生核心素养培育的关系与规律，形成"人文科技合力，培育核心素养"的新时期特色办学思路，在关注课程开发实施的同时，尊重学生个性，为创新潜质突出的学生提供成长成才的环境与空间。

学校于 2018 年建设嘉懿思维广场，着力以学习空间拓展为策略点，变革学习方式，激发学生内生动力。嘉懿思维广场设有"嵌入式控制""未来工程师""3D 打印""无人机"等多个开放式创新实验室，是一个为学生提供实践制作和开发、自主管理、自主学习以及对专项课题进行研究的平台。

更新后的嵌入式控制实验室凸显集创意、设计、加工、制造、展示等环节于一体的总体设计理念,力图为学生提供创意设计、实体加工、项目学习、个性制造、主题研究的空间。

实验室划分为展示讨论区、设计制作区、作品陈列区等几个区域。

展示讨论区除了配备用于编程设计的计算机外,还配备了希沃电视和环形会议桌椅,便于学生进行程序设计、项目设计以及项目的展示讨论。

设计制作区配备了各类电子元器、传感器以及电钻、螺丝刀等工具,供学生进行硬件改装、制作作品。

作品展示区陈列了历届学生制作的优秀创意作品和获奖作品(见图 1-9)。

图 1-9　作品陈列区

　　各个区域的隔断使用了壁柜,里面放置各种零配件和工具(见图1-10)。除了以上区域,实验室还搭建了无人驾驶、机器人救援、机器人迷宫等训练场(见图1-11)。

图 1-10　区域隔断

图 1-11　实验室训练场

嘉懿思维广场的嵌入式控制实验室设计还体现了灵活性、先进性和安全性。

灵活性主要体现在实验室的空间布局上。为了满足不同形式的教学活动,实验室中各个区域不是固定的,是可以根据需求调整变化的,开展教与学的模式类型多样,桌子、椅子等设施是可以任意移动和组合的。

先进性主要体现在实验室设备的数字化和信息化上。电子门卡、大屏幕投影等数字化设备的使用给师生提供了极大的便利。

安全性具体体现为设施的安全性和流程的安全性。

嘉懿思维广场的建设为学生打造融学习内容、学习方式和学习工具为一体的灵动、智慧、可重组的学习空间,变革学习方式,以项目化学习、问题解决等方式切实促进学生创新精神、实践能力以及学习内生动力的提升,更新后的嵌入式控制实验室更是为学生提供了知、情、意、行融合发展的成长环境,也为嵌入式控制课程的开发、实施提供了有力保障。

第二章　从知识表征看课程设计

　　课程是师生在一定情景中展开文化探索的动态生成过程,课程是学生的课程,课程也是教师的课程。

　　课程设计是教师根据学生的基本学情、认知结构,用教学思维整合知识、形成课程结构、充实课程内容、确立课程纲要的过程。

　　课程设计需要关注两个环节(见图 2-1),一是课程知识从主观内容向客观形式的转变,即教师通过自己的教学思维将课程知识形成客观表征的环节,二是课程知识从客观形式向主观内容的转变,即学生对课程知识进行主观建构的环节。

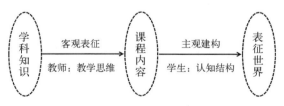

图 2-1　课程设计的两个过程

　　课程设计需要做到三个"明白"。一是要让教师自己明白,包括明白教学的目标、深入研读教学内容、明确知识的内在逻辑关系。二是要让学生明白,即让学生明白教师说的是什么意思,明白今天所学习的内容的意义和价值。三是要让学生容易明白,这对教师提出了更高的要求,教师要分析知识以怎样的方式呈现学生更容易接受。

第一节　知识表征与课程设计

课程内容要让学生"明白""容易明白"的前提是要保证课程知识的表征方式与学生理解方式的一致性,结合知识表征开发的课程有助于学生实现知识内化,并将知识向外延伸,从实际问题的解决中积累经验,最终形成自己对相关问题的知识表征方式。

一、什么是知识表征

知识表征是记载或表达知识的方式。知识表征经历了漫长的历史发展过程,从远古时代的符号、图形到文字,直至信息时代多样的表征方式,人类文明依赖于知识的表征得以传承、延续和发展。

20 世纪 70 年代中期出现了大量关于知识表征的研究,提出了一些重要理论,包括激活扩散理论、概念驱动理论以及 Kintsch、Miller、Johnson-Laird 等人的理论。其中由美国人工智能专家和心理学家安德森等人创立的 ACT—R 理论试图从简单的认知视角来说明人类是怎样获取知识、习得技能和其他智力活动的。ACT 是英文 adaptive control of thought 的缩写,也叫思维适应性控制理论,R 是 rational 的缩写,表示理性的,ACT—R 理论是揭示人类信息加工过程的理论,用于解释认知发展的过程,通常应用新的认知模型来研究学生的学习过程,发现学生在学习中可能遇到的问题。

ACT—R 理论把知识分为陈述性知识和程序性知识两部分。陈述性知识也称事实性知识,主要以命题网络或图式结构来表征,指的是"知识是什么",即 Knowing what,此类知识是人能够做出表述的知识,能表现客观外界的知识。程序性知识也称实践性知识,以产生式系统表征,指的是"知道怎么样",即 Knowing how,此类知识是关于如何去做某事的知识,具有操作性的、实践的知识,是对于知识的应用。从 ACT—R 理论的基本观点出发,人类只有将储存在头脑中的陈述性知识转化为牢固的长期记忆之后,再通过信息的激活,才能够逐渐转化为程序性知识,同时不同类型的知识以不同的知识表征呈现。

结合以上的理论我们认为,在教学中,知识表征是知识的组织、呈现形式,知识表征的过程是教师的思维内化和外化过程,具体而言,教师通过自己对知识的思考,使用语言、文字、图表等多种方式向学生呈现知识,将理论知识通过调适转化成学生可理解、接受并在此基础上可以主动探究的知识;知识表征的过程也是教学内容从已知到未知的呈现过程,教师借助观察、记忆等一系列认知能力与演绎、类比、归纳等推理形式深入思考教学要素,形成教学假设,开展教学活动。

二、为什么要研究知识表征

当代心理学的研究表明,学习的效果很大程度取决于教师以何种形式将知识传授给学生,教师对知识的不同表征方式对学习者的知识学习和应用都会产生影响。教师表征知识,学生通过教师的表征对知识进行理解,如果教师对课程内容的表征方式符合学生的认知规律,与学生理解方式一致,那么就可以促进课程知识在主体间的共感性,学生能更好更快地理解知识、接受知识,反之,学生在不完整或不正确的知识空间进行搜索,容易在学习过程中产生的负面认知负荷,很难得到正确的知识。因此,要保证课程的有效实施,前提是必须要保证教学中课程知识的表征方式与学生理解方式的一致性。

研究同时表明,专家与新手相比,其优势并不在于头脑中知识的储备量,而在于专家头脑中存在更多有意义的知觉模式。专家的知识表征方式是以一定的工作任务为中心、相关知识为背景建立的结构,工作任务是其意识焦点,任务所需的知识跟随主体的选择与任务之间形成动态的因果关系,推动任务的完成。新手的知识表征则是以知识为中心,按照知识之间的关系建立的结构,这样的表征方式虽然突出了知识的内在关系,但是脱离工作任务,缺乏与任务的关联,易于理论思维,缺乏生成实践。因此,我们在教学过程中要逐步引导学生形成自己的以任务为中心的知识表征方式。

基于此,在课程的设计实施过程中分析、研究知识表征就至关重要。

课程内容是学生掌握知识的重要媒介,要注重课程内容、材料的呈现(表征)形式与学生理解方式的同一性,尽可能追求课程内容的知识表征方式和学生的认知规律一致性,以便学生对课程内容形成丰富的感知,对课程知识形成清晰的观念,从而更系统、规范地理解、接受知识,进而促使学生形成自己的知识表征。

三、从知识表征到课程设计

结合知识表征相关理论进行的课程设计追求知识表征与学生理解的一致性,也就是追求课程的知识结构与学生的认知结构、教学的思维结构的一致性,因此,以知识表征为切入点进行课程设计首先要理解学习者,理解学习者的学习过程和学习内容,通过学习者分析、课程资源分析形成开发路径、进行课程设计,提升课程学科知识的客观表征与主观建构活动的品质。

(一)学习者分析

当教师开始开发一个课程时,首先需要搞清楚以下问题:我们要培养什么样的学生？学生是怎么学的？学生的原有基础在哪里？对今天要学的内容，学生在认知方式上有没有错误定势的负迁移或传统思维的束缚？用怎样的学习过程才能确保学生学习的主体性？我们从培养目标、学习基础、认知角度进行了学习者分析。

1. 培养目标分析

我们处在一个飞速发展的时代。十年前的你或许根本没想到今天这个世界变化那么大，而现在的你，又能否预见十年后的世界是怎样？今天的高中生十年后正是风华正茂的社会栋梁，他们以什么样的能力、什么样的姿态面对未来世界的挑战，很大程度取决于今天的教育者给他们什么样的培养。

在时代的发展中，总有一些"可辨别的趋势"，它们可能成为影响社会和经济发展的主要作用力，如科技为本、创新驱动、学会学习等。在这些趋势中，学生需要能够进行有想象力的思考，通过这种思考敏锐地看清现实，深刻地理解相关处境，然后构想出全新的方案来解决看似不可能解决的问题。

这些趋势也带来学习变革。教育者需要为学生提供技术学习和实践的机会，从而让学生学会学习。教育者需要将教育的重点放在学习和应用概念性知识、培养科学技能和方法、提高学生解决问题的能力以及实践调查上。教育者需要将课堂上的学习能力重新定义为一种内在的社交和习得技能，其最终目标不仅是学生对教师呈现技术的理解，还需要有机会考虑技术系统是如何影响他们的生活的。

总之，教育者要为未来的世界培养人才，培养学生面对未来的能力。课程的培养目标是帮助学生学会探索未来，去想象十年后的世界，去预见十年后的自己，通过整合知识与技能，用创新的思维为他们将要面对的世界做好准备。

2. 学生学习基础与认知分析

"嵌入式控制"课程面向的是高中生,他们在初中阶段学过物理、信息技术等学科知识,但没有该课程涉及的电子电路、硬件设计、软件编程等知识的基础,教师在教学中需要注重学生对理论知识的学习和掌握。学生进入高中前虽然没有"嵌入式控制"课程的相关实践经历,但是他们的辩证认知能力正在逐步完善,逻辑思维不断加强,参与活动的自主性、自觉性明显增强,因此,单纯讲解理论知识又不完全符合学生的思维认知特点。

针对这样的学情,教师宜兼顾理论与实践,采用以项目实践为主线,在完成项目的实践过程中逐步讲解相应的理论知识的教学方法。在课程内容的选择上,需选择能激发学生想象力和创造力、课程语言符合高中生特点的内容;课程内容的难度系数不能太高也不能太低,要让学生对课程既有兴趣也不乏探究动力;课程内容的呈现方式应多种多样,同时课程要给学生足够的实践操作机会。

(二)课程资源分析

"嵌入式控制"课程综合性、拓展性强,它涉及的学科知识门类繁多,如电子、物理、数学、信息技术、软件编程技术、自动控制技术等。我们希望学生能了解一点计算机原理,这可以帮助他们掌握单片机内部结构,更好地理解单片机的工作原理,我们希望学生了解相应的编程语言,希望学生能知道数字电路、模拟电路的相关知识……但以上任何一个门类的知识体系都非常庞大。单片机技术从入门到提高、开发、拓展,从理论到实践都有翔实的介绍,仅一种型号的单片机,就有对应的数据手册、技术手册、实例解析等各种资料,学校不可能把所有知识都教给学生,只能把最基本的、主要的知识教给学生。同时市面上相关书籍虽多,但多数是针对大专院校和专业开发人员的用书,过于注重理论知识,难度高、内容繁多,很难找到针对中学生的教学材料。

高中"嵌入式控制"课程的学习不同于大专院校的专业学习,更不同于技术人员的开发指南,其目的不是让学生精通单片机的I/O口、中断系统、定时器/计数器等功能。单片机是课程的一个载体,我们想让学生了解的是自动化控制的流程,让学生掌握适应时代发展和可持续发展需要的知识和技能,我们更想激发学生的兴趣,让学生了解技术,喜欢技术。因此,我们需要思考教师和学校应向学生提供什么样的课程、如何有效地呈现课程知识、如何提高学生的创新素养等问题。

（三）形成开发路径

基于以上分析结果,我们确定以创新教育和新课程改革理念为指导,结合知识表征的特点,以恰当的知识表征方式呈现课程内容,注重培养学生创新精神和实践能力,逐渐完善课程,使之成为一门以高技术引领实践创新,提高学生技术素养的新课程。其具体包括以下几方面。

课程内容作为知识的载体,承载知识、反映知识,只有遵循有效的知识表征特点来组织编写,才能更好地传递知识。我们从学生角度出发,充分考虑学生感知信息的方式,由整体到局部,逐一分析什么样的知识表征方式学生易于感知、易于理解。

从"知识表征"出发,我们探讨什么样的课程呈现方式能给学生足够的想象空间与能力开发空间,如何搭建合适的知识层级,在满足每个学生需求的同时,考虑学有余力的同学的进一步发展,从"高度""结构""系统"三方面思考如何构建课程内容。

"嵌入式控制"课程的内容除了理论知识,还包括实践操作、活动经验等内容,我们的教学不是简单地灌输学科知识,而是要全面规划和安排教学内容,兼顾学科的事实性知识、概念性知识以及方法性知识,更要教给学生价值性知识。

第二节　结合知识表征确定课程内容

根据开发路径,结合知识表征分析我们分三步确定课程内容:第一步,分析知识表征,根据培养目标确定内容结构;第二步,根据课程结构确定每一部分的内容;第三步,整合课程目标、课程内容等要素形成课程纲要。

一、立节——基于目标定结构

知识表征方式直接影响知识学习及应用的速率和效率,在确定"嵌入式控制"课程内容的过程中,首先分析其包含的"陈述性知识"和"程序性知识",再确定相应的表征方式。

嵌入式控制课程以单片机控制设计为抓手,分析当下单片机相关书籍,单片机的学习内容主要包括单片机基础知识、基本原理、汇编语言与指令系统、内部资源、接口技术和应用系统设计,分析其整体采用的表征方式,一般为逻辑式表征和认知式表征两种。

逻辑式表征的教材结构(见图 2-2)采取先基础理论后应用的模式,以知识点层层递进展开,从单片机的硬件结构开始,介绍该单片机的指令系统和软件编程方法,包括嵌入式系统的指令集系统结构、流水线、存储设备、定时器、中断、时钟、并行串行通信、互联网络、开发环境和开发语言等内容,最后介绍实际应用,这种方式往往对理论的解读十分清晰,而与实际案例的结合则一笔带过,重理论轻应用。

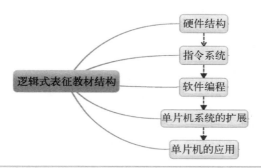

图 2-2　逻辑式表征教材结构

　　认知式表征结构（见图 2-3）以实例形式开展课程内容,这种表征方式以解决实际问题为中心,根据学生的认知特点和学习兴趣来组织教学材料,打破知识的内在关系结构,重构知识与行动的产生式结构的过程,以实践任务带出某类技术或软件的系统知识,重问题的解决、轻基础理论的介绍。

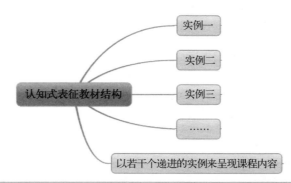

图 2-3　认知式表征教材结构

这两种课程内容呈现形式哪个更适合高中生的学习？哪一个学生更容易接受呢？我们需要弄清以下三个问题。

◆ 在知识提取速度方面,哪种表征方式快、哪种表征方式慢？

◆ 在知识的应用方面,哪种表征方式表述更清楚、更灵活准确？

◆ 在知识的运作过程方面,哪种表征方式更易理解？

我们选取部分同学,分两组分别阅读不同表征方式的课程内容,并设计调查问卷进行调查(见附件)。

附:"嵌入式控制"课程设置调查问卷

1. 你对本课程的内容感兴趣吗？( )

A. 很感兴趣　　　　B. 还可以　　　　C. 不感兴趣

2. 你觉得课程知识的呈现方式与对知识的理解与掌握有关系吗？( )

A. 有很大关系:恰当的知识呈现方式有助于理解课程知识。

B. 有一点关系。

C. 无所谓:任何呈现方式都可以。

(选 C 的跳至 7)

3. 关于课程的总体结构,你更喜欢那种方式展开？( )

A. 逻辑式:根据学科知识体系和结构组织课程内容和材料,即按单片机的硬件结构、指令系统、编程实施依次展开。

B. 心理式:根据学生的认识、认知特点和学习兴趣来组织教学材料。

C. 项目式:根据学科体系和学生心理两方面的需要与可能组织课程内容和材料,按"问题情境——建立模型——解决问题——应用与拓展"结构展开。

你选择的理由：_____

4. 有关单片机与控制对象的连接方式,你更喜欢那种表征方式?（　　）

A. 命题表征——用语言描述单片机与控制对象的连接方式。

B. 表象表征——用图片描述单片机与控制对象的连接方式。

C. 实物表征——用实物连接方式表征单片机与控制对象的连接。

你选择的理由：_____

5. 有关被控对象工作原理的介绍,你更喜欢那种表征方式?（　　）

A. 命题表征——用文字介绍被控对象的工作原理。

B. 表象表征——用图片描述被控对象的工作原理。

C. 多媒体表征——采用视频、音频等资料描述被控对象的工作原理。

你选择的理由：_____

6. 有关单片机控制被控对象的实现,你更喜欢那种表征方式?（　　）

A. 图表式——用流程图描述控制的实现。

B. 程序式——用程序代码描述。

C. 兼用流程图和程序。

你选择的理由：_____

7. 学习这门课程后,除了嵌入式控制知识以外,最大的收获是（　　）

A. 没有了,只是学到了单片机控制知识。

B. 学会了思考:要做个有心人,发现问题并尝试解决问题。

C. 学会了动手:边学边动手实践,才能更好地解决问题。

其他:＿＿＿＿＿＿＿＿＿＿＿＿＿＿＿

8. 对于本课程的任教老师,你认为最需要具备的素质是（　　）

A. 能充分准备每一节课,有效使用课堂上的时间。

B. 对该课程的理解透彻。

C. 能鼓励学生在课堂或课后积极思考。

D. 能提出富于挑战性的问题供学生讨论、研究。

9. 本课程应如何评价学生?（　　）

A. 考试,给出题目,学生编程解决。

B. 评价所做出的项目成果。

C. 动态评价:多方面评价整个活动过程。

10. 本课程还需改进之处:＿＿＿＿＿＿＿＿＿＿＿＿＿＿

对调查结果我们分析如下。

◆ 教材的表征方式差异影响学生对知识的理解速度与理解程度。

◆ 被调查学生中 92% 更喜欢知识的形象表征,如用视频、动画等表征,90% 以上的学生更喜欢将知识点融于每个项目实践中,边操作边学习的学习方式。

◆ 没有相关单片机知识的学生普遍反映,"逻辑式"表征方式学习材料呈现的内容偏难,表示"看不懂","认知式"表征方式呈现的内容"蛮好玩的";而对于有一定基础的学生,他们更愿意去阅读"逻辑式"表征方式呈现的教材。

我们分析,对于刚刚接触"嵌入式控制"课程的高中生而言,他们对计算机结构、数字电路等相关内容是不甚了解的,让这样几乎是零基础的学生直接学习单片机硬件结构、指令系统等知识的难度是显而易见较高的,学生要理解并应用更是难上加难,如果硬着头皮坚持下去,学生的思维能力与教师呈现的知识表征方式会形成越来越大的偏差,最终只能是累积问题造成学习困难,可见,逻辑式表征方式并不适合初学的学生。

认知式表征以各个实例来呈现教学内容,尝试让学生通过实例的学习,通过任务的驱动从实践中获取知识,对于刚刚接触该课程的学生,这些实例容易引发他们的好奇心,学生能从实践中获得成功的喜悦,进一步激发兴趣,这表明认知式表征方式更加适合初学者。但是随着学习的深入,学生不会仅仅停留在任务的完成层面,他们更多地会问"为什么",这个时候,学生更容易从"逻辑式表征"的课程内容中找到自己需要的知识点。

根据以上调查与分析,我们了解学生的解决问题过程是动态的,因此在问题解决的各个不同阶段,要有不同的表征层次,同时学生在解决问题时也会在不同的表征方式之间来回往复,但并不意味着每一个表征层次都是必须经过的。由此,我们确定了课程内容整体结构的表征方式:结合认知式表征方式,将理论知识"化整为零"分散到各个项目中,以"项目式"表征方式构建课程。项目式表征方式努力兼顾理论与应用,不追求大而全的理论、新且奇的应用,而是将经过精选的"基本性"和"基础性"能够起到示范引领作用的知识、技能融入若干基本的"项目"中,学生在教师的指导下,通过深入的学习和研究,提升独立思考和判断能力,有助于学生在后续学习、工作和生活中举一反三、触类旁通。

　　我们形成了如图 2-4 的课程内容结构,整个课程根据知识目标和能力目标划分为若干具有递进性但相对独立的"项目",如二极管发光控制、数字显示控制、按键控制、直流电机控制、舵机控制等,每个项目针对一个具体的开发控制对象,力求做到典型性、代表性,每个项目的内容要具有开导性、范例性。

图 2-4　"嵌入式控制"课程结构

二、立体——基于结构定内容

　　根据课程结构设计,整个课程分为"二极管发光控制""数字显示控制""按键控制"等项目,每个项目分为"被控对象工作原理""目标板连接方式""项目工作过程""程序代码""操作实践"五个模块。前两个模块是陈述性知识,回答"是什么""为什么""怎么样"的问题,通常采用命题表征和表象表征两种方式。前述调查中初步接触该课程的同学 92％更喜欢知识的形象表征,因此,在每个知识模块中,尽量结合文字表征,采用图片等形象表征来辅助解释。后三个模块是程序性知识,采用产生式表征。

　　当然,课程内容的表征形式是多元的、有关联的,表征方式并不是只存在单一的形式,每种表征方式都有其特点,表征方式之间也可以相互转化,在课程内容的编写过程中,我们尤其注重多种表征方式之间的有机联系和联合作用,采用多种表征方式时尽可能对复杂知识进行全面、准确的诠释。图 2-5 呈现了每个项目中五个模块的知识表征方式。

图 2-5　项目模块知识表征方式

　　这样的知识表征方式也是为了适应学生学习的逐步深入由浅入深的过程(见图 2-6)。形象表征简单明了,一般适用于刚入门的学生,在进行辨析器材、了解被控对象时使用。学生有了一定兴趣、有意愿进一步学习时,采用图表、视频、文字等方式具体表征,一般在学生了解被控对象的工作原理、工作过程的阶段使用。当学生有进一步尝试欲望时,我们使用程序表征引导学生综合所学,付诸实践。最后使用抽象表征激发学生思考,将独立的信息联系、整合成有联系的信息模块。经历这样的学习体验过程,学生逐步从领会分析知识与技能发展到综合运用知识与技能,不仅学习理解了知识,还自觉主动将所学知识融会贯通,不仅实现知识内化,并将知识外延,在实际问题的解决中积累经验。

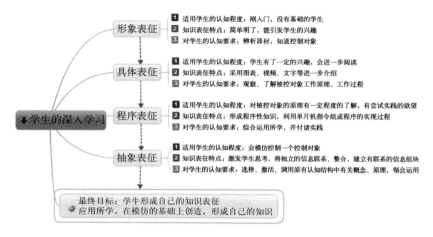

图 2 - 6　层层深入的知识表征体系

课程培养的最终目的是要让学生面对相关的具体学科领域问题时,能自觉、主动地思考解决方法,设计解决方案并努力解决问题,因此,使用多种表征传递知识让学生更容易接受知识,同时引导学生进行表征方式之间的相互转换,建立知识间的关联、知识与问题的关联,形成自己的知识表征,最终以自己的表征方式来解决问题。

三、立纲——形成课程纲要

课程纲要是指以纲要的形式呈现出某课程的背景分析、学情分析、课程目标等各种课程元素的文本资料,是教师设计的具体的课程开发方案。我们搭建了课程内容框架、确定了课程内容后,完成了《嵌入式控制课程纲要》(1.0 版)。

（一）课程开发说明

1．背景分析

（1）嵌入式控制与高中技术教育的契合

在教育部颁布的《高中技术课程标准（实验稿）》的内容模块中，"信息技术基础""算法与程序设计""人工智能初步""技术与设计""电子控制技术""简易机器人制作"等模块的知识与嵌入式控制的知识有相当的重合度，可以说，嵌入式控制是相关模块知识的整合与拓展。所以，以普及智能控制知识、培养创新思维能力为目标，以单片机实践操作为重点的嵌入式控制课程有很大的开设和推广价值。

（2）开设嵌入式控制课程的必要性

今日教育的超前发展，是为以后的经济和社会发展打基础。21世纪是现代智能化电子系统时代，无论是高科技领域还是民用方面，以单片机为核心部件的嵌入式控制几乎无处不在。机器人比赛、自控设计、科技创新制作都是直接针对学生设立的比赛项目，这些都吸引着学生。为能让学生掌握适应时代发展和可持续发展需要的知识和技能，开设嵌入式控制课程相当必要。

（3）实践证明学生喜欢学习单片机且学有所获

嵌入式控制社团开展了一学年，我们清晰地记得学生第一次用程序点亮发光二极管时发出的惊叹声，对于学生来说这太有趣了。单片机是学生在课堂中能够接触到的科技的最前沿。在这个课堂上，他们知道了单片机的应用已经深入到各个领域；在这个课堂上，他们了解了交通信号灯等智能控制设备是怎样工作的；在这个课堂上，他们得到了很多自己动手实践操作的机会；在这个课堂上，学生知道高科技并不神秘，高科技就在自己身边！实践证明学生喜欢学习单片机，并且学有所获。

所以，为提高学生对未来社会的适应性，提高学生的综合素养，学校在高中拓展课程中增加了有关单片机知识的教学内容——嵌入式控制。

2. 意义和应用价值

（1）掌握适应时代发展的知识和技能，拓展学生的能力和视野

"嵌入式控制"课程融机械、电子、计算机硬件与软件于一体，涉及信息技术、物理等领域知识，知识的拓展性和综合性强；它集成了许多领域的先进技术，能自主吸收众多技术领域的新发展，具有良好的技术自我更新性。通过对嵌入式控制的学习与实践，学生能融会贯通学科知识，灵活运用所学知识发现问题、分析问题并解决问题，实现知识内化，提升综合应用能力，开阔视野。

（2）培养学生自主实践和探究的能力

嵌入式控制是一门对动手能力要求很高的技术，学生在学习过程中，必须自己动手，亲身实践才能掌握。这门课程的特点也决定了在教育教学过程中，必须以学生为主体，教师在传授知识的同时，更要让学生学会如何学习，从而主动参与学习、探究，如此，课程才能体现真正的教育价值。

（3）培养学生的创新能力

嵌入式控制课程以应用性设计为主，思路广、用途多、实践性强，在课程实施过程中，以学生为主体，教师从培养学生的实践意识和创新意识出发，鼓励学生将单片机用到未开发的领域，使学生从参与实践逐步发展到乐于进行创新实践，在实践中发挥学生的主观能动性，培养学生的创新、创造能力。这也是对学生进行学科素质教育的探索和实践。

（4）激发学生对科学技术的兴趣

嵌入式控制项目和相关比赛富有挑战性、互动性、直观性，学生参与其中，既能感受到失败的痛苦，也能体验到成功的喜悦。这样的课程能启发学生思维，有效激发学生的探索热情和学习科学技术的兴趣。

总之,嵌入式控制课程既有硬件制作又有软件设计,既动脑又动手,有利于挖掘青少年的创造潜能,促进青少年素质的全面发展,是提高学生科创素质的上佳选择。

3. 学情分析

知识、技能方面,在参加嵌入式控制社团之前,学生熟悉计算机操作,学过二进制和算法的结构,能够根据程序流程图书写程序,有一定的编程基础。

学习兴趣和意愿方面,学生有很强的创造欲望,对嵌入式控制社团研究内容有浓厚的兴趣,有进一步探索学习的意愿。

能力方面,学生有一定的逻辑思维能力和创新设计能力。

4. 教学(或活动)课时总量

一学年 40 课时。

(二) 课程目标

1. 知识与技能目标

了解嵌入式控制,熟悉单片机的结构、应用及其控制作用,学会用科学的方法来分析身边的设备、装置。

掌握单片机控制系统的开发步骤以及软件设计的基本方法。

通过一些实例的学习,学会简单的小型智能控制电子系统的设计开发,将理论向实际的迁移。

2. 过程与方法目标

以项目式活动为主要教学方式,通过为学生创设一些有趣的项目,启发学生的思维,激发学生的探索热情。

以学生为主体,通过项目实践,发挥学生主观能动性和创造性,培养学生的知识获取、选择、应用能力以及实践操作能力。

通过小组合作学习,为学生提供一种思维摩擦和碰撞的环境,在学习过程中,小组同学互相帮助,集思广益,形成集体智慧的结晶,真正成为学习上的主人。

3. 情感态度与价值观目标

认识单片机开发求实、严谨、创新的特点。

认识技术的价值,形成对技术的尊重,产生学习技术的兴趣及终身学习的愿望。

通过实践,了解高科技就在每个人身边,挖掘自身潜能,提高自身创新思维及综合设计能力。

(三)课程内容

课程以项目活动方式进行,项目活动内容及相关课时、教学目标见表 2-1。

表 2-1 "嵌入式控制"课程内容

项目活动内容	课时	教 学 目 标
单片机控制以及 PIC 单片机集成开发环境简介	2	通过本次活动,学生对单片机的应用场景、开发过程以及单片机的编译环境有系统的了解,为以后的学习做铺垫。
二极管发光控制	2	通过发光二极管显示、数码管显示、键盘控制等几个基础项目的实践,学生初步接触 PIC 单片机的基础指令,了解 PIC 单片机的基本性能和应用方法,熟悉 PIC 的开发环境。
延时子程序	1	
阵列式发光二极管控制	2	
数字显示控制	2	
查表法程序设计	1	
独立式按键控制	2	
阵列式键盘控制设计	2	
综合实践	2	

项目活动内容	课时	教　学　目　标
直流电机转动控制	2	电动机是生活中不可或缺的动力源。这部分分别介绍 PIC 单片机对电动机中的直流电机、步进电机、舵机的控制，丰富单片机的控制对象，使学生对单片机应用的理解更进一步。
直流电机速度控制	2	
步进电机控制	2	
舵机控制	2	
综合实践	2	
A/D 转换	2	介绍稍微复杂的硬件资源及其应用开发技术，是对学生学习内容的提升。
定时器/计数器	2	
PIC 单片机引脚分布及相关寄存器	2	
综合实践	2	
拓展实践	6	引导学生自己动手，将理论向实践迁移，将创意变为现实，激发学生创作灵感，拓展知识面，增强实践动手能力。

课程内容设计说明：在教学中，将整个课程根据具体的开发控制对象划分为若干个相对独立又具层次性、递进性的项目。以项目带动教学，将编程和加工的新知识和新技能由浅入深地渗透到项目的实施过程中。

在每一个项目的设置上，教师需注意以下三点。

1. 以项目为单元构建学习内容，而不是以单片机知识单元构建学习内容。

2. 注重项目的典型性、可学性、实践性、系统性，将某一教学课题的理论知识和实践技能结合在一起，力求达到举一反三的效果。

3. 在每个项目活动中,学生有明确而具体的学习目标,独立进行组织,安排自己的学习行动。

(四)课程实施

1. 教学活动组织实施过程

以小组为单位,围绕项目活动主题,从确定项目功能、项目分析、项目实施、项目展示与评价、交流总结五个阶段展开教学活动。

(1)确定项目功能

各组学生围绕项目主题,针对某一控制对象讨论设计一种控制方案。在每个项目活动中,不固定一个练习或作业,鼓励创新,尊重学生个性,让学生在同一主题下有发挥、创造的空间。

(2)项目分析

师生共同分析该电路结构特点、程序流程,教师提出优化程序的设想,引导学生在资料中查找相关程序指令。

(3)项目实施

通过对项目实现方法的共同探讨,学生了解实现过程,独立完成开发实践,小组成员在教师的引导下交流项目的实现技巧,同时完成项目实践活动报告。

(4)项目展示与评价

每个小组进行成果展示,所有学生都有可见和可感受的结果。师生共同检验、评价项目完成的效果和质量,同时对项目完成过程中学生面对问题的处理能力以及学生间交流合作能力等方面进行综合评价。

(5)交流总结

让能力较强的小组陈述他们的设计思想、设计过程、设计中的难题和解决方法以及心得体会。让进展不顺的小组提出在设计中没能解决的难题,社团全体共同讨论,集思广益,找到解决问题的方法。

这一阶段可使学生互相学习,取长补短,拓宽知识面,活跃思维,在以后的学习中更好地完成任务。

2. 项目实践活动报告

学生在每个项目活动中都要形成一份项目实践活动报告,报告表单形式见表2-2。

表2-2　项目实践活动报告表

一、确定项目功能:	
二、搭建硬件平台(此步略)	
三、软件设计	1. 绘制程序框图
	2. 编写程序代码(你可在我们给出的程序代码上进行修改完成,找出你要修改的关键语句)
四、用软件仿真形式编制和调试程序	1. 编辑程序的源文件
	2. 在MPLABIDE中用源文件组建项目
	3. 编译源文件(编译是否成功,如没有,那么哪些地方、哪些语句出了问题,通过怎样的修改最后成功完成源文件的编译)
	4. 用软件仿真形式单步执行程序
	5. 观察单片机端口电平和相关变量的变化

五、在线调试程序	1. 搭建 PIC 程序开发系统	
	2. 检查 PC 机-在线调试器-目标应用板之间的数据通信	
	3. 在线调试 PIC 单片机程序	
六、下载到单片机		
七、保存项目开发结果	保存源文件	
	保存项目文件	
	保存工作空间文件	
八、程序运行情况描述		
九、本次项目实践的重点与难点		
十、收获与体会		

3. 教学策略

（1）以实践为中心

学生通过实践发现问题,在老师的指导下解决问题,强调在实践中领悟理论,用理论指导实践,理论教学的内容以"必需、够用"为原则,使其学而知其用,加强该课程学习的针对性和目的性,提高课程的实效性。

（2）采用项目式教学方法

通过一个项目的实践了解单片机的开发过程,通过多个项目的实践模仿性地编出自己的程序,通过一系列的实践尝试开发设计自己的项目,这样一步一步地由实践到模仿到设计到创新,使学生创新能力的培养落到实处,学生的学习过程也成为一个充满乐趣、不断探索的过程。

(3)侧重培养学生将知识转化为实际应用的能力

在项目活动过程中,不仅"授人以鱼",更注重"授人以渔";不仅传授单片机知识,更注重教会开发方法和应用技巧,侧重强化将所学知识转化为实际应用的能力。在学生对单片机的应用上手之后,大胆放手,鼓励学生自主学习,自我探究,设计开发电子玩具、对讲机、自动灯、数字锁等基础的小型嵌入式控制系统。

(4)注重激发学生兴趣

兴趣是最好的老师,以兴趣和快乐为主导,学生在轻轻松松学到老师所讲授的技术知识的同时,又能有广阔的空间自由发挥,为学生提高科技信息素养及创新实践能力创造条件。

(五)课程评价

1. 小组项目活动成果评价表(见表2-3)

表2-3 小组项目活动成果评价表

评价项目	★★★	★★	★	小组互评	教师评价
功能创新性	功能新颖,设计合理。	设计基本符合要求,有点新意。	功能设计方面还需斟酌,加以改进。		
程序设计、优化、项目调试	程序精练,结构清晰,调试顺利。	程序调试通过,程序结构尚需优化。	未能顺利通过程序调试。		
项目完成的效果、质量	项目有个性、有创意,完成及时。	在规定的时间内基本完成了项目实践。	不能调试出项目结果,需进一步修改、完善。		

2. 学生活动过程评价表(见表 2-4)

表 2-4 学生活动过程评价表

评价项目	★★★	★★	★	自我评价	组内成员互评	教师评价
学习态度和习惯	守纪律,勤思考,积极好学,兴趣浓厚,态度认真。	有纪律性,能上好每节课,但学习兴趣不高,学习不够主动。	纪律性有欠缺。			
活动参与情况	积极参与小组讨论,有自己的想法和见解,思维敏捷,表现活跃。	能参与到活动中,配合其他小组成员一起完成项目实践。	在老师或同学的帮助下完成项目活动。			
合作交流能力	主动和同伴交流,积极地和小组其他成员相互支持、配合,并能帮助他人,会教别人做事,协调能力强。	能和同伴一起活动、交流,能自制,比较喜欢群体活动。	和同伴交流较少,能在小组成员的要求下进行合作。			
独立处理问题的能力	勇于向困难挑战,意志坚强。碰到问题,能够选择并作出决策。	意志较坚强,但不敢向困难挑战。	碰到问题不能独立解决。			

评价项目	★★★	★★	★	自我评价	组内成员互评	教师评价
自我实践和创新能力	自主设计项目,有创新性,并能自主发现某些新知识、新方法、新问题,勇于探索、积极创新。	尝试去探索、学习,对该项目功能设计有一定的想法。	对该项目功能设计未提供想法,创新实践能力较差。			

第三节　课程内容示例

以下课程内容示例分别选自"嵌入式控制"课程中"基础篇""显示篇"和"电机篇"。

"单片机的控制过程"选自"基础篇",该内容从一台洗衣机的工作过程出发,围绕着"单片机在洗衣机的工作过程哪些环节发挥了哪些作用"这个问题,通过工作流程的剖析,潜移默化地带入传感器、电机等各种被控对象的介绍,让学生对单片机有初步的感受,在这里,教师不强调使用的单片机的型号,不介绍单片机的输入输出端口、指令系统等基础内容,只是让学生"囫囵吞枣"地了解单片机的工作原理,学生在分析单片机控制过程的讨论中,认识单片机的广泛使用,知道目前生活中很多设备都使用单片机实现自动化控制。

"二极管发光控制"选自"显示篇","直流电机控制"选自"电机篇",这些内容结合对知识表征的分析,将整体内容以"原理""连接方式""程序功能""思考与实践"等模块展开,结合教师和往届学生的作品,给学生树立成功制作的信心,产生想去实践的驱动力,通过学生项目实践将"基础篇"中囫囵吞枣的知识"细嚼慢咽",深入理解。

一、单片机的控制过程

　　单片机的应用相当广泛,它像一个物件的"大脑",控制着各个功能模块协调工作,洗衣机、电冰箱、电视机……绝大部分的电器中都有这样一个大脑,下面我们通过分析一台全自动洗衣机的工作流程来看看单片机在电器中到底发挥着什么样的作用。

　　一台全自动家用洗衣机一般是由洗衣机机身、滚筒、操作面板等构成的。

　　先看操作面板,虽然不同型号不同品牌的洗衣机的操作面板按键不尽相同,但基本都有这几个主要的功能按键:① 电源开关;② 启动与暂停开关;③ 程序选择(一般根据所需清洗的衣物类型区分);④ 过程选择(洗涤、漂洗、脱水等);⑤ 水位选择(根据衣物的多少确定水量的多少)。除了以上功能选择按键外,操作面板上一般还有显示时间的数码管以及实时显示洗衣机状态的一些指示灯。

　　操作面板以外,洗衣机还有看得到的注水阀、排水阀以及在机身中我们不可见的传感器、电机等设备。

　　根据以上分析,画出图 2-7 所示的全自动洗衣机系统示意图,中间的方框代表单片机,左边圆形框代表操作面板中的电源开关、启动与暂停等 5 个按键,所有的按键、指示灯、数码管、传感器、电机、注水阀、排水阀通过连接线与单片机相连,单片机需要协同指挥这些设备的运转。

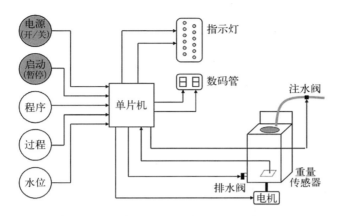

图 2‑7　洗衣机简化系统示意图

注：箭头从单片机发出代表的是单片机的输出控制，即单片机控制外部器件，例如指示灯和数码管；而箭头指向单片机代表的是单片机"感受"外部器件，例如单片机接收重量传感器传回的衣物重量信号。

结合洗衣机系统示意图，以"标准"模式的洗涤方式为例，描述洗衣机工作流程如下。

1. 接通电源

插上电源插头，按下"电源"按键，启动洗衣机，此时，指示灯和数码管被点亮。洗衣机中的单片机、各个功能模块接通电源，进入"待命"状态，准备接受下一步指令开始工作。

2. 程序设置过程（见图 2‑8）

按下"程序"按键，根据需求选择"标准""大物""轻柔"等状态（不同洗衣机具体的程序并不相同，但工作流程基本一致），此处选择"标准"程序，标准模式的指示灯被点亮，在这个过程中，按键每按一次，单片机得到按键指令后选取相应的洗涤程序，当最终选择标准模式时，单片机记住了用户的选择，调用标准洗涤的程序代码进行工作。不同的洗涤程序代码确定了不同的洗涤时间、漂洗时间、脱水时间等细节。

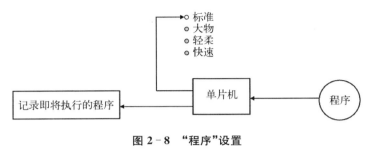

图 2-8 "程序"设置

3. 水位确定过程（见图 2-9）

重量传感器"感受"衣物的重量，将信息传递给单片机，单片机根据接收到的衣物重量信息控制注水阀，调节注水的水位高低，衣物越重，注水越多。

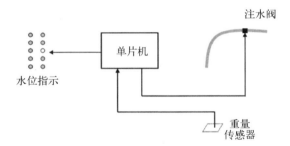

图 2-9 水位调节

4. 洗涤启动过程

关闭洗衣机的上盖，按下"启动"按键，单片机接收到指令后打开注水阀，洗衣机开始注水，单片机根据前一步选择的"标准"模式控制水阀、电机等执行相应的洗衣程序，数码管显示洗涤剩余的时间，过程指示灯指示洗衣机当前工序。

5. 洗涤结束过程

洗衣结束后，单片机向各个部件下达关闭系统的指令，自动断电,整个洗涤过程结束。

通过对整个洗衣机工作过程的分析,我们可以感受到单片机在洗衣机中就像人的大脑,它接受各种按键和传感器传递来的信息,做出判断后向各个部件发出指令,控制各部件的工作过程,而各个部件会严格执行单片机的指令。

单片机的功能可以概括如下。

接收信息:单片机接收按键、传感器、开关等外围器件向它输送的信息。

输出信息:单片机输出控制信号控制如数码管、电机等外部设备工作。

综上所述,单片机是一个集控制和处理能力于一身的核心器件。

思考:列举身边使用单片机控制的物品,尝试就其中一件分析单片机控制各个功能模块协调工作的过程。

二、二极管发光控制

光是一种电磁波,在许多工程领域中要涉及光信号的产生和传播。在众多的光源器件中,电子半导体发光器件的性能日趋完善,应用范围不断扩大。二极管是一种半导体,可根据所施加电压的方向,产生通电或不通电的效果。

本单元研究如何用单片机控制单个发光二极管、多个发光二极管以及数码管。在这个过程中,学生可学会通过对程序关键语句的修改完成不同效果与功能的单片机开发。

(一)简单发光二极管的控制

1. 观察目标应用板连接方式

发光二极管处于正向连接状态则导通并发光,处于反向连接状态则截止并不发光。在图 2 - 10 所示的连接图中,发光二极管的负

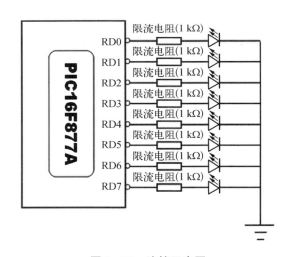

图 2 - 10　单个二极管的连接

极接地，另一端只需输入高电平，即可将这个二极管点亮，输入低电平，则熄灭。

　　同理，用单片机控制多个发光二极管时，可以将所有要控制的发光二极管的负极共同接地，发光二极管的正极接到单片机相应的端口（如图 2 - 11），相应的单片机端口引脚输出高电平，则点亮发光二极管，相应的单片机端口引脚输出低电平，则不发光。

图 2 - 11　连接示意图

注：为便于初学者学习，目标板的连接方式图都只是示意图，而不是完整的电路图。

　　发光二极管的点亮和熄灭是光学现象，单片机端口引脚上的电平高低是电学中的问题，二进制数和二进制数的位（bit）完全是数学描述，字节（byte）是计算机学科中的基本概念。它们之间有紧密联系。在我们研究如何让单片机控制二极管发光的问题之前，需要建立二进制数与发光二极管工作状态的关系。

单片机端口 D 有 8 个引脚,每个引脚对应一个二进制数中的位。二进制数中的"1"代表引脚的高电平,"0"代表引脚的低电平。

也就是说,我们向二极管相对应的单片机端口引脚输入 1 时,二极管被点亮,输入 0,则二极管被熄灭,如表 2 - 5。

表 2 - 5　单片机端口的值与二极管发光状态

单片机相应端口的值								所连接二极管的发光状态
D7	D6	D5	D4	D3	D2	D1	D0	
0	0	0	0	0	0	0	0	灭灭灭灭灭灭灭灭
0	0	0	0	0	0	0	1	灭灭灭灭灭灭灭亮
0	0	0	0	0	0	1	0	灭灭灭灭灭灭亮灭
··················								
1	1	1	1	1	1	1	1	亮亮亮亮亮亮亮亮

我们只要向单片机端口寄存器输送八位二进制数,就可以控制与其相连接的 8 个发光二极管点亮和熄灭。8 个位的二进制数对应一个字节。为了书写简便,可以用十六进制数表达。

十六进制与二进制的转换关系如表 2 - 6 所示。

表 2 - 6　二进制与十六进制的转换

十进制	0	1	2	3	4	5	6	7
二进制	0000	0001	0010	0011	0100	0101	0110	0111
十六进制	0	1	2	3	4	5	6	7

续 表

十进制	8	9	10	11	12	13	14	15
二进制	1000	1001	1010	1011	1100	1101	1110	1111
十六进制	8	9	A	B	C	D	E	F

那么,我们怎么去"指挥"单片机,让某个特定的引脚在某个特定的时间输出某个特定的数据呢? 这就要利用程序指令了。

以图 2-11 的连接示意图为例,发光二极管连接在单片机的 D 端口,向单片机端口 D 输出高电平 FF,翻译成单片机能接受的语句如下。

MOVLW 0xFF　　　　　;将十六进制数 FF 送至工作寄存器

MOVWF PORTD　　　　;将工作寄存器中的内容送至端口 D

2. 发光二极管控制程序设计

(1)确定程序功能

我们要让 8 个发光二极管同时闪烁,即交替亮灭。值得注意的是,点亮发光二极管后需延时一段时间。这段时间用于维持发光二极管点亮状态,以便人眼观察清楚。然后输出低电平(熄灭发光二极管),再延时一段时间后输出高电平(点亮发光二极管)……反复循环即可。

(2)绘制单片机控制工作流程图(见图 2-12)

(3)程序代码(略)

(4)重点指令学习(略)

3. 技术实践

思考:如果需要增加或减少延时时间,可以修改哪个语句、哪个参数? 自己动手改一改,看看是不是你要的效果。

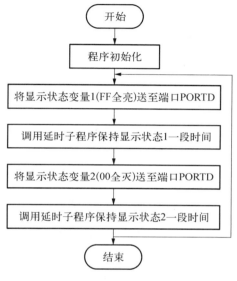

图 2 - 12 工作流程

实践：自己设计一种 8 个发光二极管的发光效果，编写程序实现并完成实践报告，记录下实践过程。

（二）阵列式发光二极管控制

在夜晚，美丽的霓虹灯装点着城市，有的如高山流水，有的如变幻彩虹，这些都是从这些简单的发光控制系统扩展而来的，我们先从八个发光二极管扩展到控制 4×4 发光二极管阵列。

1. 观察目标应用板连接方式

一个发光二极管接单片机的一个引脚，按照这种连接方式，本例中控制 16 个（4×4）发光二极管，需要 16 个引脚，如果控制上百个甚至更多发光二极管，则需更多的端口，显然，任何一种单片机都没有这么多端口可供使用，我们需要使用其他的方法。

在本例中，我们增加了一个集成 IC——ULN2003，第一和第二列的 8 个发光二极管组成一组,由端口 C 控制,第三和第四列的 8 个发光二极管组成另外一组,也由端口 C 控制,即将 16 个发光二极管都接入 C 端口,ULN2003 相应引脚接入单片机的 A 端口,如图 2 - 13 所示。

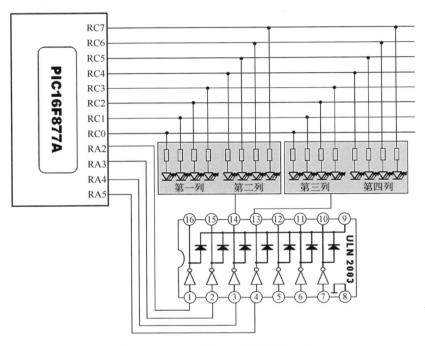

图 2 - 13　4×4 发光二极管连接方式

由图我们可以分析得出,如果 PORTA 的 BIT4 为 1,则相应的第一列和第二列发光二极管接地端导通,第一列、第二列的发光二极管工作,如 PORTA 的 BIT5 为 1,则相应的第三列和第四列发光二极管接地端导通,第三列、第四列的发光二极管工作。按照这种方法,就不必局限于单片机的端口数,可以做更多的扩展。

2．程序设计

（1）确定程序功能

发光二极管按第一列、第二列、第三列、第四列的顺序依次亮起，如此循环。

（2）绘制单片机控制工作流程图（图 2 - 14）及子程序流程图（图 2 - 15）。

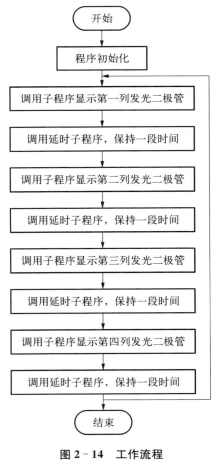

图 2 - 14　工作流程

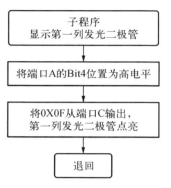

子程序
显示第一列发光二极管

↓

将端口A的Bit4位置为高电平

↓

将0X0F从端口C输出，
第一列发光二极管点亮

↓

退回

图 2 - 15　子程序流程图

（3）程序代码（略）

（4）程序及重点指令分析（略）

3. 技术实践

思考：为避免端口 C 输出电流过大，四列发光二极管不能同时接地端导通，如果需要四列灯同时亮起，应该如何处理呢？

提示：根据人眼视觉特性，当 LED 所加信号频率大于 50 Hz 时，人眼不能感觉其变化，所以每列灯亮起显示的间隔不能超过 20 ms，则看到的是同时亮灯的现象。

试一试：修改代码中的延时子程序，将延时时间缩小至 0.05 s，甚至更小 0.5 ms，观察程序运行结果，看看这四列灯是否看上去是同时亮起的。

实践：设计一个独特的二极管阵列的发光效果。

（三）数码管显示控制

数码管也叫 LED 数码显示器（见图 2 - 16），其实是由多个 LED 排列封装而成。数码管可以直观、醒目地显示温度、数量、日期等信息，因此在各种控制中有着很广泛的应用。

图 2 - 16　常见的数码管实物图

1. 数码管的显示原理

数码管可分为七段数码管和八段数码管。顾名思义，七段数码管由 7 个显示段组成，这 7 个显示段实际上就是 7 个条形的发光二极管，八段数码管则是在七段数码管的基础上加上一个用于显示小数点的发光二极管。在图 2‐17 的示意图中，将每个二极管按逆时针方向，把这 8 段分别标注为 a、b、c、d、e、f、g、h。

如果要数码管显示数字"1"，则需要点亮 e、c 两段（见图 2‐18），显示数字"5"，则需要点亮 f、g、h、c、b 段（见图 2‐19）……不同段的组合就形成了不同的数字或英文字母。

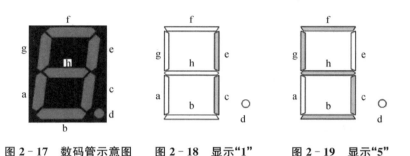

图 2‐17　数码管示意图　　图 2‐18　显示"1"　　图 2‐19　显示"5"

数码管有共阳（共阳极）和共阴（共阴极）之分。所谓共阳数码管就是这数码管的发光二极管的正极（阳极）相连，接入电源正极，而负极则分别由我们来控制显示所需要的字符（如图 2‐20 所示）；共阴数码管则相反，发光二极管的负极（阴极）相连，而正极由我们控制（如图 2‐21 所示）。

在实际应用中，使用共阳或共阴并没有不同，这取决于设计的方便性。

我们以用单片机的 D 端口连接控制一个共阴极数码管为例，如图 2‐22 所示，我们要设计程序控制数码管显示 0~9，我们只需将要显示数字的相应笔段码输出即可。

如 PIC 单片机控制数码管显示 1，关键指令为：

MOVLW 0x14；0x14＝二进制数 0001 0100，数码管显示 e、c段，即数字 1

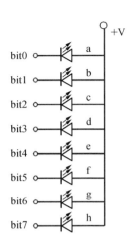

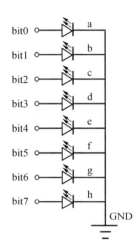

图 2‑20　共阳数码管连接示意图　　图 2‑21　共阴数码管连接示意图

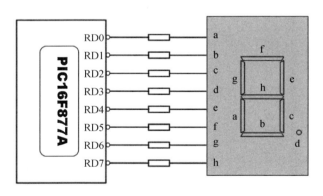

图 2‑22　单片机控制共阴数码管

BANKSEL PORTD　　　；选择端口 D

MOVWF PORTD　　　；将 0x14 从端口 D 输出，使当前数码
　　　　　　　　　　　 管显示"1"

思考：

数码管依次显示 0～9 几个数字需分别点亮哪几个数码管？相

应的笔段码是什么?

2. 多个数码管显示控制

在实际使用中,我们往往需要两个甚至两个以上的数码管,在本例中,我们要用端口 C 控制两个共阴极数码管轮流显示,同样要使用 ULN2003 集成 IC 连接,如图 2 - 23 所示。

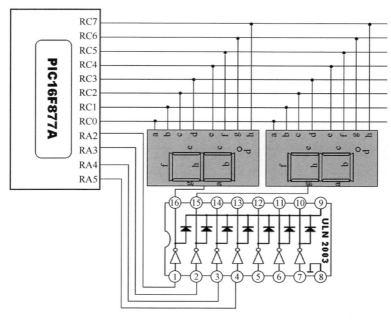

图 2 - 23　多个数码管连接示意图

(1) 观察目标应用板连接方式

(2) 程序设计

① 确定程序功能:两个数码管先后显示 1 到 3,即第一数码管从 1 到 3 显示,随后第二数码管从 1 到 3 显示。

② 绘制单片机控制工作流程图(见图 2 - 24)。

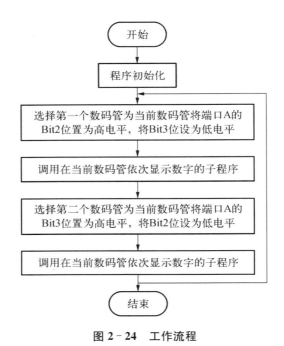

图 2 - 24　工作流程

③ 程序代码（略）。

三、直流电机控制

　　使用直流电能驱动的旋转电机,称为直流电机（如图 2 - 25）。直流电机因其控制简单,直流电源容易实现等特点得到广泛使用。本实例以 16f877a 单片机为核心,用 L298 驱动小车直流电机,以达到控制小车前行、变速等功能。研究重点是如何用单片机来控制直流电机的转动。

图 2 - 25　直流电机

（一）直流电机工作原理

图 2 - 26 是常用的直流电机的构造。在绕有线圈的铁芯(转子)的外周,有相同数目的定子(永久磁铁)相向包围。通过整流器的电刷转子断续地得到电流,转子和定子的永久磁铁反复相吸、排斥,结果无论它们的相对位置如何,转子始终能够沿着一定的方向回转。

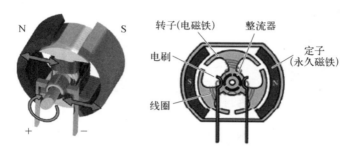

图 2 - 26　直流电机构造

要使直流电机转动,必须将它与电池等直流电源连接,不过这样只能使电机沿一个固定的方向转动,不符合实际要求,这时,可以使用 H 桥式电机驱动电路,H 桥式电机驱动电路包括 4 个三极管和一个电机,如图 2 - 27 所示。

要使电机运转,必须导通对角线上的一对三极管。

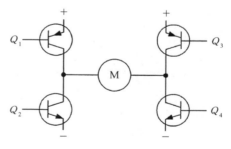

图 2 - 27　H 桥式电机驱动电路

注:此图是示意图,而不是完整的电路图。

当三极管 Q_1 和 Q_4 导通时,电流就从电源正极经 Q_1 从左至右穿过电机,然后再经 Q_4 回到电源负极,如图 2 - 28 所示,按图中电流箭头所示,该流向的电流将驱动电机顺时针转动。

当三极管 Q_2 和 Q_3 导通时,电流就从电源正极经 Q_3 从右至左穿过电机,然后再经 Q_2 回到电源负极,如图 2-29 所示,按图中电流箭头所示,该流向的电流将驱动电机逆时针转动。

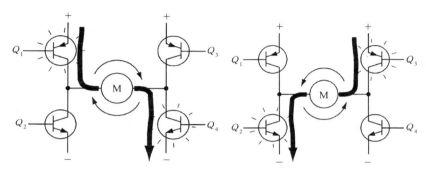

图 2-28　H 桥电路驱动电机顺时针转动　　　图 2-29　H 桥电路驱动电机逆时针转动

图 2-30　L298 芯片

根据不同三极管对的导通情况,电流可能会从左至右或从右至左流过电机,从而控制电机的转向。

在桥式电路中,如果同侧开关处于闭合状态时,电源实际形成短路,电路中会产生过大电流导致损坏元器件,因此,要避免这种情况发生。这里我们使用 L298 芯片作为驱动电路。

查 L298 的数据手册可知,L298 控制引脚使能逻辑关系如表 2-7 所示。

也就是说,单片机端口向对应的 ENA 引脚、IN1 引脚、IN2 引脚分别输出 1、1、0,则电机正转;输出 1、0、1,则电机反转;向 ENA 引脚输出 0,则电机停止转动。

表 2-7 L298 数据手册(部分)

ENA(B)	IN1(IN3)	IN2(IN4)	电机运行情况
H(1)	H(1)	L(0)	正转
H(1)	L(0)	H(1)	反转
H(1)	同 IN2(IN4)	同 IN1(IN3)	快速停止
L(0)	X	高阻抗	停止

(二)直流电机的转动控制

1. 观察目标应用板连接方式

用单片机控制直流电机的运行,从而控制小车的运动,小车与单片机的连接如图 2-31 所示。

由此画出单片机与小车的连接示意图(如图 2-32),单片机的 C7 端口接 L298 芯片的使能端,单片机 C6 端口接 L298 芯片的方向端 1,单片机 C5 端口接 L298 芯片的方向端 2。

在单片机 C6 端口和 C5 端口的电平信号不相同的前提下,如果 C7 输出高电平,驱动电路开

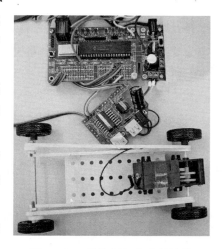

图 2-31 单片机与小车的连接

始工作,向电机输出持续的工作电压,电机开始转动;如 C7 端口输出低电平,驱动电路则不工作,电机停止转动。根据 L298 控制引脚使能逻辑关系,连接 L298 芯片的单片机的 C7、C6、C5 端口如输出 1、1、0,则电机正转,输出 1、0、1,则电机反转,输出 0、0、0,则电机停止。

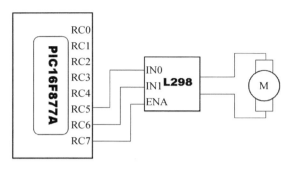

图 2 - 32　连接示意图

鉴于直流电机在正常工作时会对电源产生比较大的干扰,如果单片机和直流电机共用一组电源,那么很可能会影响单片机的正常工作,所以在实践中我们使用两组电源进行供电。一组电源电压大小为 5 V,给单片机和控制电路供电;一组电源电压大小为 8 V,给直流电机供电。

2. 程序设计

(1)确定程序功能

控制直流电机正转一段时间后停止。

(2)绘制单片机控制工作流程图(见图 2 - 33)

(三)直流电机的速度控制

电源接通,直流电机转动;电源关闭,直流电机停止。电源的开关智能控制直流电机的运动状态,但不能控制直流电机的运转速度,而很多实际应用中,直流电机是需要以不同的速度进行运转的,那么怎么控制电机运转的速度呢? 我们可以通过改变电机的 PWM(脉宽调制)来改变电机的运转速度,这是一种比较典型的电机速度控制方法。

在图 2 - 34 的电机运转示意图中可以看到,如果以非常快的速度(一般为几千赫至几十千赫)不断接通、闭合直流电机的电源,接通电源时电机运转,闭合电源时电机并不会瞬间停止,线圈中所储存的能量能让电机继续运转。

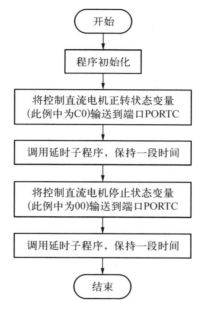

图 2-33　工作流程

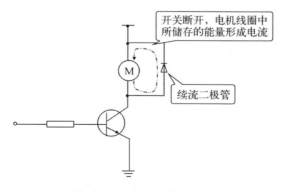

图 2-34　电机运转示意图

如果接通电源(ON)的时间长,闭合(OFF)的时间短,相对的电机运转速度比较快,反之,接通电源(ON)时间短,闭合的(OFF)时间长,电机运转速度会变慢,也就是说,在一个时间周期内,可以通过控制电机电源接通时间的长短来控制电机运行速度,也就是给直流电机输入高速的开关脉冲信号,脉冲信号开和关的时间比例不同,电机的运行速度也就不同。

一个脉冲循环内,通电时间相对于总时间所占的比例即占空比(如图2-35),PWM技术控制电机的运转速度也就是通过改变输入信号的占空比调速。当然,这里的时间周期是非常短的。

图 2 - 35　PWM 控制的占空比

(四)技术实践

综合直流电机的转动控制和速度控制,设计一个较为复杂的小车运动控制方案(如加入前进、后退、速度变化等)。

第三章

从项目设计看课程实施

课程的灵魂,是学生的学习过程,因此,课程如何实施至关重要。

丰富学生的学习经历,突出学生的思维活动,不仅仅通过课程内容的选择和变更,更需要对学习方式和教学模式加以变革。与传统的课堂相比,目前教学方式发生了很大的变化。传统的优质课堂,教师讲得津津有味,学生听得聚精会神,这对教师的讲解和表达能力提出了高要求,而面向核心素养的课堂,学生活动得津津有味,教师支持得准确到位,不仅需要教师的讲解和表达能力,还对教师的活动设计和组织能力提出了更高的要求。在嵌入式控制课程的实施中,我们借鉴项目化学习的经验,结合微项目进行教学设计。

第一节 项目设计中的项目与微项目

项目化学习有两个核心要素,一是体现学习起点的"问题",另一个是体现学习终点的"成果",基于这两个要素,项目的设计可以以成果为导向,链接现实世界,以解决现实世界的复杂问题为主线,"成果"可以转换成项目,"问题"可以转换成"微项目"。

一、项目化学习的发展

项目化学习在西方有着悠久的历史和复杂的来源,最早可以追溯至 16 世纪的欧洲建筑界,学院面向建筑师开展的建筑设计竞赛,学生既要参加理论考试,还要完成实际的作品。

19 世纪 90 年代,"项目方法"被广泛应用于中小学教育之中,以杜威的实用主义教育理论为代表兴起了项目学习的热潮。

20 世纪初到 20 世纪 30 年代前后,世界各国都加入"项目学习"的研究,大家普遍认为,项目学习可以加强学生与生活之间的关系,培养融合学习、探究学习的能力。

项目学习历经近四百年的发展历程,教育研究者进行了将"项目方法"的教学理念转化为"项目化学习"的教学实践的研究。

项目化学习不仅是一种教学方式,还是一种课程观、一种教学文化,它将知识、技能、态度整合性地包含在挑战性情境中,促进学生将他们迁移到新情境,最终迁移到真实世界中,这是教育一直以来追求的长期目标。

项目化学习的倡导者夏雪梅指出:"项目化学习是指学生在一段时间内对与学科或跨学科有关的驱动性问题进行深入持续地探索,在其调动所有知识、能力、品质等创造性地解决新问题并形成公开成果的过程中,形成对核心知识和学习历程的深刻理解。"

二、项目与微项目的思考

"嵌入式控制"课程在教学方法上摒弃了传统说教的教学方法,以小组合作的形式围绕项目展开活动,而在项目设计过程中,我们面临两个问题:如何设计项目? 项目的规模多大?

"嵌入式控制"课程的项目规模不外乎有两种。

一种是大项目,这样的项目整合所有被控对象,完成这样的项目可能需要一个学期甚至更长时间的摸索与实践。在这样的项目情境中,学生有比较充足的时间围绕一个项目"从始至终"地进行有深度的思考,但是长时间单调的情景容易让学生感到乏味。尤其对于初学的学生,如果一上来就碰到难题,他们往往难以坚持。同时,我们也发现,针对某一大项目进行实践研究的学生有时很难对自己的设备的结构、函数等做明确的解释,甚至连对他们使用的单片机的型号也一无所知,他们注重了项目的实践而忽视了项目活动的基础。可见,较大的项目,容易让人看到整体,形成观念,有利于学生深度学习的开展,但容易忽略知识点和技能的传授,导致知其然而不知其所以然。

另一种是小项目,针对一个被控对象设计的项目,这样能很全面地传递知识。但多样化的项目情境会过于细碎地分解知识,学生完成一个项目后,还来不及进行更深入地探究就要面对另外一个项目了。零散的知识点容易形成解决局部问题的基本策略,但容易忽略知识之间的普遍联系,忽略知识间的内在逻辑,导致只见树木,不见森林。学生可能被动地接受彼此孤立的知识,思维能力很难得到提高。因此,较小的项目,有利于学生对知识的掌握,但缺乏项目学习的系统性和完整性。

综合以上两种规模项目的优缺点后,我们决定使用"项目"和"微项目"来设计课程实施的模块,即将一个被控对象的控制设计或者学生经常发生的一个问题解决作为一个微项目,整合3~4个被控对象,形成一个项目,解决一个实际问题,一般4~5个课时完成一个项目。

项目是给学生的挑战,项目的设计需提供最接近学生认知、又能紧密联系实践的内容,通过多体验唤醒潜能,多实践开阔视野,创造发展想象力与好奇心的支持环境。微项目是教师提供的支架,微项目的设计需提供能激发学生兴趣的学习资源,增强教学内容的吸引力。

第二节　课程实施的两阶段四环节

课程的实施是一个把"课程内容"转化为"教学内容"的过程,除了要选取项目、微项目的内容,还需要关注组织项目实施的顺序、项目课时的安排以及解决好项目和相关保障机制的建设问题。

基于项目与微项目的设计,我们形成了两个阶段四个环节的课程实施方案(见图 3-1)。

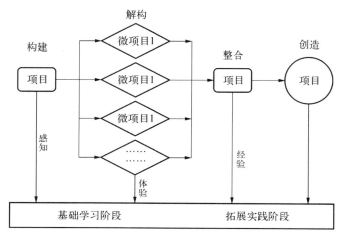

图 3-1 "嵌入式控制"课程实施方案

基础学习阶段:这个阶段以短课时为单位开展活动,约 20 课时,一课时 40 分钟。一个课时完成一个微项目的实践与学习,教师设计项目与微项目,学生在教师的带领下认识项目、学习微项目,从感知到体验,最后整合成一个项目的过程。

拓展实践阶段:这个阶段以长课时为单位开展活动,约 15 次活动,一次活动 90 分钟。这是一个项目的再设计、再拓展的过程,这个阶段的项目由学生经历了基础学习阶段后模仿教师的项目或者自主设计项目而得到,教师根据学生的不同需求提供微项目以支撑,这个阶段创设以培养创造性思维能力为特色的课堂教学模式,引导学生形成自己的经验。

四个环节是结合项目、微项目的设计与学习形成的"构建—解构—整合—创造"的环节。

不管哪个阶段,教学设计以学生发展为前提,提供学生多种可供选择的学习途径和学习经历,使学生从参与创新实践到乐于创新实践,力求形成"以教师为主导,以学生为主体,以探索为主线,以思维为核心,以能力为目标,以育人为根本"的课堂互动式教学结构。

一、课程实施的两个阶段

(一)基础学习阶段

基础学习阶段着眼于激发、培养和发展学生的兴趣爱好,开发学生的潜能,为学生的志趣和科技发展开拓空间。

这一阶段的"项目"是教师设计的,告诉学生探索什么。

教师提出一个项目,用情景或问题对应的项目激活学生学习动机,使其产生共同的教学(学习)目标愿景。教师需要关注所提出的任务的典型性、实践性、系统性,关注学生是否有明确而具体的学习目标,是否能将某一项目的理论知识和实践技能结合在一起,能否独立组织,安排自己的学习行动。

这一阶段的"微项目"是教师根据项目的目标分解的,告诉学生怎么探索。

微项目的设计既要考虑学科知识逻辑结构,也要考虑学生学习的逻辑结构,作为老师,应该了解学生现有的水平,根据学生的层次和掌握知识的快慢差异设置微项目。微项目设置不是静态的,而是动态的,是根据学生的认知发展而变化的。微项目的设计要力求做到兼具可学性、代表性、开导性、范例性,反对庞杂臃肿、面面俱到。

这个阶段教师主要是设计一个最终目标(项目)和提供学生支架(微项目),引导学生自己摸索归纳出一条向上的阶梯。项目是学习的最终目标,贯穿于教学的始终,微项目是进行新知识的引入,即根据项目总体需求,将知识和技能灵活应用到各个微项目中。

这个阶段学生主要进行"了解"以及浅层次的模仿实践,让学生学会用科学的方法来分析嵌入式控制系统的结构、应用,比较完整地了解简单的嵌入式控制系统,形成"系统"的概念。同时让学生学习、领会所学知识,巩固操作技能。

(二)拓展实践阶段

经历了基础阶段的实践后,学生学会对各个对象的综合控制。在拓展实践阶段,我们需要更进一步,让学生提出有意义的问题,让学生找到事物之间的联系,让学生处理复杂问题并学会反思,通过链接世界,最大限度地激发学生的才能和想象,在这一阶段,学生主要学会如何"改进"与"创造"。

这个阶段的项目是学生自主设计的。

如果让学生一开始就设计项目,学生处于懵懂的状态,经常会出现两种状况:要么无从下手,要么想入非非。经历了基础阶段的实践后,学生完全有能力根据自己的情况,提出有效、有质的项目。项目可以是基础实践阶段教师项目的同质异形,也可以是有创造性、创新性的自创项目。

1. 同质异形的项目

同质异形的项目,即技术要求相同,背景、情节、环境不同的任务。完成教师的基础实践项目后,学生可尝试自己提出同质异形的项目并独立完成,以此提高学习的认知灵活性。如完成"巡线小车"的基础实践项目后,教师让学生结合生活实际设计自己的项目。有的学生喜欢车模,他们将自己的四驱车改装成智能小车,智能小车特有的灵活性和自主性给学生留下深刻印象。有的学生用硬纸质圆盘及支架等模型制作材料搭建摩天轮模型,加上直流电机模拟摩天轮转动。更有同学由此联想到,可以把机械式滚筒洗衣机改装成自动洗衣机,并着手实践。学生们产生出前所未有的创造灵感。当学生结合生活实际去看一看、想一想、做一做时,他们会主动思考完成任务的有效步骤和方法,并将各个行动步骤联合起来,流畅地完成任务。通过设计项目,他们也可以更加自由、自主地选择、应用所学知识,同时进行知识的辨析和迁移。

这一阶段,教师要做的是思考除了基础实践阶段已经呈现的微项目外,学生可能需要的资源支持,为学生适时地提供支持性资源供学生解读。

2. 自创项目

自创项目是学生联系实际自发设计的、综合使用已有微项目创造性地解决问题的项目。

很多学生并不满足于模仿教师提出的项目,他们灵活应用已有微项目创新性地解决问题。这样的项目由学生自行计划,他们根据目的,自己拟定工作目标,自己设计工作计划,还整合具体的微项目以完成这个项目活动。

教师应激励学生充分发挥自己的聪明才智,引导学生自主设计、探究嵌入式控制项目,使学生从兴趣转化为志趣,为其以后的职业发展打下基础。

在基础学习阶段和拓展实践阶段,教师力求能让学生在项目—微项目—项目的实践中不断熟悉内容,不断深化理解,逐步从"模仿"项目到"改进"项目,最终"创造"自己的项目,这是让学生的水平螺旋式上升的课程设计实践。

二、课程实施的四个环节

整个课程实施过程以项目—微项目—项目为主线,归纳为构建—解构—整合—重构四个环节(如图 3-2)。

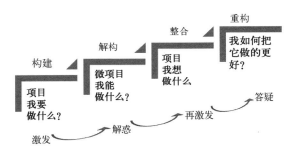

图 3-2 "嵌入式控制"课程实施四环节

教师通过设计项目来架设内容与认知之间的桥梁,通过解构的微项目及其实践拉近内容与认知之间的距离,通过微项目的整合使认知得到实现与发展。学生以构建项目为起点,学习解构的微项目形成初步认识,通过整合微项目加深认识,再重构项目丰富原来的想法。在这个过程中,学生主动运用知识、加工知识并处理知识,不仅知其然——知识是什么,而且知其所以然——知识如何应用,从而更好地形成自己的思维,提升能力,并且从中感受获得知识的快乐。

在这个过程中,教师的教学任务是:激发—解惑—再激发—答疑。首先构建项目,引导学生在项目的驱动下展开活动,随后将项目根据被控对象解构成若干个微项目,引导学生由简到繁、由易到难、循序渐进地完成一系列"微项目",随后将微项目整合成项目,在整合的过程中,培养学生分析问题、解决问题以及处理信息的能力,最后鼓励学生思考如何将项目完成得更好。

在这个过程中,学生的学习经历是:我要做什么(教师构建的项目)——我能做出什么(微项目)——我想做什么(设计自己的项目)——我如何把它做得更好(创造)。在这个过程中,学生通过微项目的学习得到清晰的思路、方法和知识的脉络,通过完成项目获得成就感,成就感会进一步激发求知欲,如此逐步形成一个良性循环,从而培养学生的独立探索、勇于进取的能力。

第三节　课程实施案例

本节结合四个案例介绍项目—微项目的课程实施过程。案例一介绍的是项目的设计——这是基础阶段教师结合按键、数码管、电机等被控对象设计的模拟电梯控制项目,案例二介绍的是微项目的设计——这是数码管控制微项目的教学实施过程,案例三介绍了"机器人巡线"项目中微项目的设计与使用,案例四介绍了学生自创项目。

一、电梯控制项目的设计与实施

(一)项目说明

电梯控制项目是基础学习阶段教师设计的项目。电梯是生活中常见的物品,学生对其工作流程比较熟悉,因此选择这个项目让学生实现模拟控制。

电梯主要是由控制部分、驱动部分及曳引部分组成。对电梯的工作流程进行分析后,需设计用数码管模拟电梯的楼层显示,用电机模拟电梯曳引机的转动,用按键模拟电梯楼层选择(见图3-3),具体内容如下。

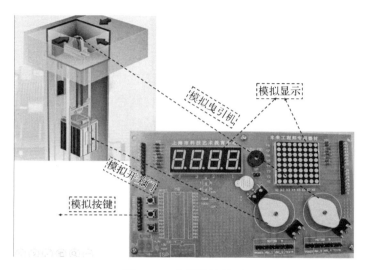

图3-3　电梯模拟控制

1. 左侧电动机带动一个凸轮,凸轮可以触发周边两个常开型微动开关,以此模拟电梯的开门、关门动作。

2. 右侧电机带动一个双凸轮,每转一周双凸轮触发常开型微动开关两次,每触发一次代表上升或下降一个楼层,以此模拟电梯的上下运动。

3. 数码管是四位共阳动态扫描型的,显示电梯所在楼层。

4. 左侧三个按键从上到下,第一个定义为电梯上升键,按下即电梯上升,第二个定义为电梯下降键,按下即电梯下降,第三个定义为电梯紧急停止键,按下电梯即紧急停止。

根据这个项目所使用的被控对象,确定三个微项目,分别是数码管显示控制、按键控制、直流电机控制,每个微项目针对一个被控对象,都包含新的知识学习或技能实践,三个微项目的使用没有先后之分,微项目更像是一个个积木块,供学生选择调用,以便组合完成项目。同时这三个微项目是具有典型性的,数码管和8×8点阵显示相通,电机控制和舵机控制相通,如果学生有意愿使用点阵显示、使用舵机模拟运动,他们可以自行阅读相关资料解决问题。

（二）电梯控制——嵌入式控制项目的教学设计

1. 教学目标

通过项目方案的设计,学会用科学的方法来分析电梯的运作过程,了解单片机的应用及其控制方法。

通过对生活中实际项目的模拟,学会简单的小型嵌入式控制系统的设计开发,将理论向实际迁移。

通过小组合作讨论,了解现代技术可以改变我们的生活,挖掘自身潜能,提高团队合作能力以及综合设计能力。

2. 教学重点与难点

教学重点：模拟嵌入式控制项目电梯的设计开发。

教学难点：多个被控对象的控制。

3. 教学准备

PIC 控制板 编译器 被控对象

4. 教学过程（见表 3-1）

表 3-1　教学过程和设计意图

教学环节	教 师 活 动	学 生 活 动	设 计 意 图
引入	提出课题：生活中的嵌入式控制——分析生活中的嵌入式控制应用项目,并加以模拟设计。	提出本项目的学生作为本节课的小导师简单介绍。其余同学分析、思考。	课题引入,强调我们所学跟生活密切相关。

教学环节	教 师 活 动	学 生 活 动	设 计 意 图
项目实践	1. 每个小组围绕"电梯"这一主题,确定所要设计的项目功能,并画出流程图。	小组同学讨论,确定所要设计的方案。	学生动脑、动手,参与到活动中。
	2. 小组根据自己的方案进行模拟实践。	学生实践。	
	3. 教师协助解决问题。	导师负责项目方案实施和项目指导。	
一分钟展示与介绍		每个小组展示自己的作品并点评自己本次活动的得失。	学生对本次活动做归纳总结。
小组点评	组织小组之间互相点评。	为其他小组设计的方案提出意见和建议。	学生从中看到自己方案中需要改进的地方。
教师点评	1. 善于发现其他小组的闪光点。 2. 程序上灵活使用中断。	听讲。	
实践	对本节课的项目进行修改完善。	听讲。	作品在不断的修改中趋于完善。

（三）电梯——嵌入式控制项目的技术实践报告

小组成员：＿＿＿＿＿＿＿＿＿＿＿＿

一、确定你们小组需完成的部分任务
二、根据项目功能，分析设计流程图
三、一分钟展示
四、修改与完善

二、数码管控制微项目的设计与实施

（一）微项目说明

数码管在生活中、工业控制中得到广泛使用,在教学实践中也经常被使用到各个项目中,如在电梯模拟控制中显示楼层、在洗衣机模拟控制中显示时间等,是一个非常重要的微项目资源,数码管微项目设计包括教学设计和学生学习单。

（二）数码管——嵌入式控制微项目的教学设计

1. 教学目标

（1）学生通过小组讨论、共同分析，了解单个数码管、多个数码管、8×8点阵的发光原理与连接方式，培养自主学习能力、主动参与的意识以及团队合作精神。

（2）学生通过几个递进任务的实践，掌握控制数码管、点阵的嵌入式控制设计方法，感受制作完成预设任务的喜悦，激发探索热情。

（3）学生通过作品展示，了解现代技术在生活中的运用，挖掘自身潜能，提高自身创新思维及综合设计能力。

2. 教学重点与难点

教学重点：用单片机控制多个数码管、8×8点阵的实践。

教学难点：多个数码管、8×8点阵与单片机的连接方式。

3. 教学技术与学习资源应用

教师准备：PIC控制板、MPLAB ICD2（编译器）、数码管8×8点阵、LED发光二极管、连接线、多媒体设备。

学生知识与能力准备：会使用 MPLAB IDE 8.0（编译软件）、了解发光二极管的发光原理及控制方法。

4. 教学过程（见表3-2）

表3-2　教学过程及设计意图

教学环节	教 师 活 动	学 生 活 动	设 计 意 图
引入课题	演示自制教具，提问：举出生活中自动控制显示数字的实例。	学生观察、思考并举例。	结合生活实际，激发学生对本次活动的兴趣。

教学环节	教 师 活 动	学 生 活 动	设 计 意 图
主要内容	【变一变】 引导学生思考数码管与八个发光二极管的关系。 组织学生说出数码管显示 0～9 时单片机相应端口的值。	了解数码管的发光原理,分清共阴数码管、共阳数码管。 说出数码管显示 0～9 时单片机相应端口的值。	作为本次活动的"热身",简单易懂,学生容易上手。
	【想一想】 组织学生讨论并画出单片机与多个数码管的连接示意图。 布置实践项目:多个数码管同时显示不同数字。	思考、讨论、尝试画出连接示意图。 操作实践。	有一定难度,教师组织学生讨论,和学生一起思考解决问题。
	【试一试】 组织学生根据多个数码管的连接原理,讨论画出 8×8 点阵的连接示意图。 布置实践项目:设计一个点阵发光效果,编程实现此效果。	自主分析、讨论、尝试画出连接示意图; 设计项目,操作实践。	学生通过以上实践具备了一定的实践认知基础,有能力自主设计项目并完成。教师不规定项目内容,开放式项目给学生自主发展空间。
	【秀一秀】 组织学生分组展示及评价。		与同伴分享成果并反思。
课堂小结	师生共同归纳、总结。		巩固所学知识。
实践任务	查阅资料,分析 16×16 LED 点阵、24×24 LED 点阵以及 LED 显示屏的控制原理。		将本次活动内容再次拓展。

5．实践与拓展

"嵌入式控制——显示篇"微项目学习单。

查阅资料，分析 16×16 LED 点阵、24×24 LED 点阵以及 LED 显示屏的控制原理。

6．评价

提倡多主体参与评价，建立以师评、互评、自评共同参与的评价制度。评价不仅关注学生项目活动的结果，更注重学生在项目活动过程中的收获、对技术思想和方法的理解及体验。

（三）"数码管——嵌入式控制微项目"学习单

小组成员：_____

1．变一变——数码管即由多个发光二极管封装在一起组成"8"字形的器件

◆ 说出以下连接方式的数码管分别显示 0～9 时单片机相应的端口值。

对应端口 显示数字	a	b	c	d	e	f	g	h
	portc. 7	portc. 6	portc. 5	portc. 4	portc. 3	portc. 2	portc. 1	portc. 0
0								
1								
2								
3								
4								
5								
6								
7								
8								
9								

共阴数码管

2. 想一想——如何使用最少的端口,四个数码管同时显示不同内容

◆ 小组讨论,尝试在下图画出单片机与四个数码管的连接示意图

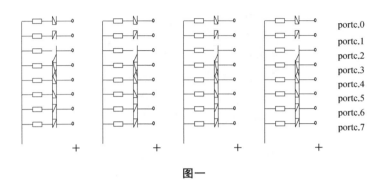

portc.0
portc.1
portc.2
portc.3
portc.4
portc.5
portc.6
portc.7

图一

◆ 操作实践:多个数码管同时显示不同的数字。

① 确定项目功能:小组讨论确定数码管显示的内容。拟显示的内容是:_____。

② 完善程序并编译实施。

3. 试一试——控制 8×8 点阵

◆ 小组讨论,在图二画出单片机与 8×8 点阵的连接示意图。

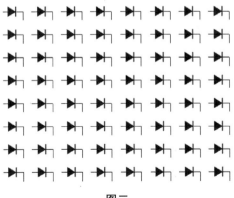

图二

◆ 操作实践：8×8点阵发光控制。

① 确定项目功能：小组讨论并在图三画出 8×8 点阵发光示意图。

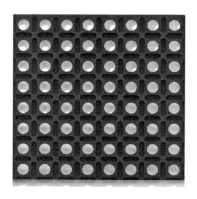

图三

② 完善程序并编译实施。

4. 评一评

自我评价表

	A	B	C	评定
活动内容的掌握度	快速、灵活应用，能举一反三	掌握较好	掌握一般	
活动参与度	积极参与，讨论热烈跟小组同学通力合作	能和同学讨论	较被动地参与到活动中	
项目创新度	设计的项目独特、新颖	有一定的想法	一般	

教师寄语：_____

_____

三、机器人巡线项目中的微项目设计

（一）机器人巡线项目说明

机器人巡线项目是指设计一辆小车，使之能沿着黑线自动行走，这是机器人设计中的基础项目。学生通过巡线小车的实践，熟悉巡线小车的工作原理，掌握用单片机编写程序控制传感器、电机协同工作的方法，提升灵活运用现有知识解决实际问题的能力以及综合设计能力。

巡线小车的设计看似简单，却包含着很多门道，小车既要巡黑线构成的不同形状如正方形、三角形等路径行进，还要保证行进的速度和成功率，不同的硬件设计和程序设计产生的结果大不相同。基于此，在巡线小车的微项目设计中，除了针对不同的被控对象设计如传感器、电机等微项目以外，还将硬件结构、巡线方案等作为微项目，给学生提供丰富的、多样化的微项目。

（二）微项目的设计与使用

机器人巡线项目是学生基础阶段完成的第二个项目，通过前一个项目的实践，学生了解了单片机的结构、机器人的组成、程序的编写和调试步骤，了解了电机和传感器的工作原理，因此，机器人巡线项目下设以下 4 个微项目。

微项目 1：巡线小车的结构设计

微项目 2：传感器安装方案

微项目 3：巡线案例视频

微项目 4：巡线方案设计

 微项目 1：巡线小车的结构设计

微项目内容

巡线小车机械结构构成——机械部分（小车）＋传感部分（循迹

模块)＋控制部分(单片机＋程序)；

巡线小车结构设计参考图；

传感器的分析比较(见表 3 - 3)。

表 3 - 3　CMOS 摄像头与红外传感器比较分析

	原　理	优　点	缺　点
CMOS 摄像头	用摄像头拍摄车体前方的道路,摄像头中的图像传感器芯片将各点处图像的灰度转换成电压值,单片机根据各点的电压值判断出引导线的位置、形状等信息。	1. 检测前瞻距离远 2. 检测范围宽 3. 检测道路参数多	1. 电路设计相对复杂 2. 检测信息更新速度慢 3. 软件处理数据较多 4. 体积大
红外传感器	利用红外线在不同颜色的物体表面具有不同的反射性质的特点,单片机就是否收到反射回来的红外光来确定小车的行走路线。	1. 电路设计相对简单 2. 检测信息速度快 3. 成本低 4. 体积小	1. 道路参数检测精度低、种类少 2. 检测距离短 3. 易受光线干扰

微项目教学重点

强调巡线小车的几部分；

强调设计方案的多样性；

根据实际情况从性价比等各方面进行比较分析,从而选择所需设备。

微项目 2：传感器安装方案

此微项目是基于选择使用红外地灰传感器作为小车巡迹模块而设计的。

　　传感器安装是巡线小车硬件搭建的重点,一般在小车前端位置安装传感器,要思考传感器需要安装几个? 具体安装在前端的什么位置? 这个微项目可以由教师提供方案给学生参考,也可以由师生共同讨论。以下是结合图 3－4 小车俯视图,使用红外地灰传感器的设计方案。

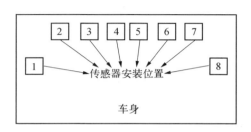

图 3－4　小车俯视图

设计方案 1

　　用两个地灰传感器实现巡线小车沿轨迹行走的任务,采用 4 号口、5 号口地灰传感器(说明：4 号和 5 号地灰传感器的间距小于线条的宽度)。根据地灰传感器检测黑色和白色的不同返回值判断巡线小车所在位置,当 4 号、5 号都检测到黑线时,巡线小车前进;当只有 4 号地灰传感器检测到黑线时,巡线小车往左纠偏;当只有 5 号地灰传感器检测到黑线时,巡线小车往右纠偏,如图 3－5 所示。

4号、5号口都检测到黑线,前进　　　仅4号口检测到黑线,往左纠偏　　　仅5号口检测到黑线,往右纠偏

图 3－5　小车巡线示意图

设计方案 2

用两个地灰传感器实现巡线小车沿轨迹行走的任务,采用 3 号口和 6 号口地灰传感器(说明:3 号和 6 号地灰传感器的间距大于线条的宽度)。根据地灰传感器检测黑色和白色的不同返回值判断巡线小车所在位置,当 3 号、6 号都没检测到白线时(此时黑线在 3 号、6 号地灰传感器中间),巡线小车前进;当 3 号地灰传感器检测到黑线时(此时 3 号地灰传感器在黑线上,6 号地灰传感器在黑线外),巡线小车往左纠偏;当 6 号地灰传感器检测到黑线时(此时 6 号地灰传感器在黑线上,3 号地灰传感器在黑线外),巡线小车往右纠偏,如图 3 - 6 所示。

3号口、6号口都没　　　　　仅3号口检测到　　　　　仅6号口检测到
检测到黑线,前进　　　　　黑线,往左纠偏　　　　　黑线,往右纠偏

图 3 - 6　小车巡线示意图

设计方案 3

用四个地灰传感器实现巡线小车沿轨迹走,采用 3 号口、4 号口、5 号口、6 号口地灰传感器。根据地灰传感器检测黑色和白色的不同返回值判断巡线小车所在位置,当 4 号、5 号都检测到黑线时,巡线小车前进;当只有 4 号检测到黑线,巡线小车往左小幅度的纠偏;当只有 5 号检测到黑线时,巡线小车往右小幅度的纠偏;当 3 号地灰传感器检测到黑线时,巡线小车往左纠偏;当 6 号地灰传感器检测到黑线时,巡线小车往右纠偏,如图 3 - 7 所示。

4号口、5号口都检　　　仅3号口检测到　　　　仅6号口检测到
测到黑线，前进　　　　黑线，往左纠偏　　　　黑线，往右纠偏

图 3 - 7　小车巡线示意图

设计方案 4

用六个地灰传感器实现巡线小车沿轨迹走,采用 1 号口、3 号口、4 号口、5 号口、6 号口、8 号口地灰传感器。用 1 号或者 8 号地灰传感器来检测直角或锐角,根据地灰传感器检测黑色和白色的不同返回值判断巡线小车所在位置,当 1 号或者 8 号地灰传感器检测到黑线时,用延时控制,先让巡线小车转一个角度,然后继续巡线;当 4 号、5 号都检测到黑线时,巡线小车前进;当 4 号检测到黑线,巡线小车往左小幅度纠偏;当 5 号检测到黑线时,巡线小车往右小幅度纠偏;当 3 号检测到黑线时,巡线小车往左纠偏;当 6 号检测到黑线时,巡线小车往右纠偏,如图 3 - 8 所示。

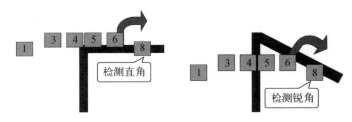

检测直角　　　　　　　　　检测锐角

图 3 - 8　小车巡线示意图

微项目教学目标

讨论、列举方案,养成思考问题的习惯,为学生提出更为全面的

方案作准备；

　　强调使用传感器的数量和位置,使学生养成用图解、文字等表述方法将自己的想法表达出来的习惯。

微项目教学重点

　　传感器的安装没有一个固定的解决方案,以上设计方案也是各有优劣,如用较少传感器的巡线小车结构简单,相应的程序代码也会比较简单,但是很难应对直角、锐角等巡线路径,用多个传感器的设计方案看似很完美,但效果如何有待于学生实践检验。微项目的使用要让学生认识到一个问题可以有多种不同的解决方法,要勇于思考,善于质疑,找到解决问题的最佳方案。

微项目 3：巡线案例视频

微项目内容

　　巡线小车稳定巡线行走的视频以及巡线小车各种不稳定巡线的视频。

微项目教学目标

　　稳定巡线的视频能让学生看到自己努力的方向,激发学生的兴趣。

　　不稳定巡线的视频可启发学生思考,归纳几种典型的不稳定巡线的情况,如车体抖动、跑飞等,思考出现这些不稳定巡线的可能原因是什么。

微项目教学重点

　　尽管大胆猜想是进行科学探究的前提,但不能停留在胡思乱想上,教师整理学生猜想的结果,并进一步进行分析与挖掘,提示学生结合微项目 2 进行分析,引导学生从毫无根据的猜想逐步走向有理有据的推测,得出各种不稳定巡线的原因分析。

微项目4：巡线方案设计

微项目内容

各组学生结合"机器人巡线"任务单提出设计方案。

微项目教学目标

学生探讨各个方案的优缺点，集思广益，共同完善方案。

给学生自由发展的空间，发挥学生主动性，引导学生自主探究解决问题，使学生在思考和交流的过程中，能共同提高、进步。

微项目教学重点

学生对自己的方案能清晰阐释，对其他小组的方案能敏锐地发现问题，给出公正、合理的建议。

教师组织学生讨论各组方案，给学生创造一个轻松、愉快的气氛进行交流。

附："机器人巡线"任务单

小组编号：　　　　　　　小组成员：

小组的设计方案：

文字说明：

续　表

示意图：

实践检验

速　度	测试次数	成功次数	总结（失败的原因分析，遇到的问题及解决等，这个方案的优缺点）
慢速（＜300）			
中速（300～500）			
快速（＞500）			

结合其他小组的设计方案做出的修改与调整：

（三）教师反思

微项目是提供给学生的学习支架，不仅仅包括知识与技能的学习资料，还可以是方法、案例的讨论，在机器人巡线项目的微项目设计过程中，我们认识到：

1. 微项目无需面面俱到

微项目的设计不是要针对所有用到的被控对象面面俱到地讲一遍、演示一遍，事实上，被控对象也是没办法讲"完"的，通过范例性知识的"个"来掌握该知识的"类"，再通过知识的"类"来掌握该知识蕴藏的普遍规律，并进而掌握相应的世界观和方法论，这是基础教育教学内容变革的合理选择。

2. 项目活动注意提供微项目清单

当面对新项目时，学生并不清楚应该调用哪几个微项目，或不能全面地找到微项目资源，这时候，教师可以帮助提供微项目清单，一份清单可以帮助学生认识项目、建构知识结构图，了解完成这个项目已有的知识技能储备是什么，缺少的是什么。程度好的学生，可以自行设计需要了解的微项目清单。

3. 微项目的教学设计要注意时间分配

控制和改变教学时间在一定程度上也就意味着控制和改变教学活动。使用微项目的过程要求教师把握好整体时间分配，合理安排学生的学习、实践的时间，按照大部分学生的实际水平来授课，对各教学环节和步骤的时间进行统一协调和安排，同时要留有活动的余地。

4. 学生不仅是微项目的学习者，也是微项目的呈现者

学生经常说，我们完成作品经历了"九死一生"，这话并不夸张，如果说项目实现过程中失败的实践为"死"，成功的作品为"生"，学生们经历的可能是"九十九死一生"。但是这样的失败并不是无意义的尝试，可以为实践者累积丰富的经验，失败的经验不仅对实践者自己，对其他学生也同样重要，一条经验可以避免其他人重蹈覆辙，可以帮助其他人节约宝贵的时间和资源。所以，学生的设计方案、讨论方案、任务单、日志也是一个个供大家探讨学习的微项目，如此，不仅教师提供微项目供学生学习，学生之间也互相提供资源，使学生真正

成为活动的主人。

四、机器人防疫项目的实施

机器人防疫项目是学生经过基础学习阶段的项目实践后进入拓展实践阶段的自创项目。在基础学习阶段,学生完成了巡线机器人、避障机器人等项目的实践,进入拓展实践阶段,学生们跃跃欲试,尝试结合所学习的微项目知识设计自己的项目。

结合当时新冠病毒疫情背景,六位同学思考用机器人来完成学校的一些防疫工作以减轻工作人员的负担,从而设计了"机器人防疫"项目。他们利用每周 90 分钟的活动时间,经历近半学期完成了此项目。在这个过程中,教师提供学生所需的微资源,采用解构—整合—创造的方式引导学生进行项目研究。

第一步:解构

这是一个非常"大"的项目,涉及的场景多,需要的技术多,如果不好好处理和引导,学生的"设想"很可能就成为"空想",而理解复杂的项目就是要"化烦琐为简单",把复杂的结构解构成几个功能部分。

教师首先组织同学进行讨论,根据真实情境拆解项目。接着师生共同讨论,选出几个典型的场景进行设计,最终确定防疫测温、校园巡逻、校园消毒、防疫宣传四个场景。最后细化场景内容,思考可能使用的技术,形成机器人防疫项目设计表(如表 3 - 4)。

表 3 - 4　机器人防疫项目设计表

场　景	内　容	使用的技术
场景一: 防疫测温	1. 机器人在校园门口扫描学生,通过热成像相机进行测温,并且实时通报学生体温; 2. 机器人在校园门口进行语音播报,欢迎同学们上课。	人脸识别 实时检测

场　　景	内　　　容	使用的技术
场景二： 校园巡逻	1. 机器人配合无人机进行校园巡逻，对人员聚集及不佩戴口罩现象进行提示； 2. 结合人脸识别功能，对不佩戴口罩的同学数据录入。	语音对讲 机器改装 人脸识别
场景三： 校园消毒	无人机进行校园消毒防疫工作。	路径规划
场景四： 防疫宣传	机器人校内路线设定，进行防疫口号宣传语音播报。	语音对讲 机器改装

教师思考

这个项目中包含的微项目内容(见图 3－9)有些是在基础学习阶段已经完成的，如避障、发声微项目，有些是学生相对比较陌生的，如人脸识别、红外测温等，教师要提供可参考的资源以供学生探究学习。

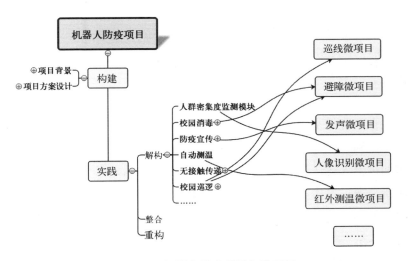

图 3－9　机器人防疫项目与微项目

　　这个项目涉及的被控对象非常多，相应的微项目也很多，微项目的非线性存储、灵活、便利等特点发挥了很大的优势，它不要求学生按顺序来提取信息，学生可以根据自己的项目需求来选择微项目，也可以按照自己的认知特点安排微项目的学习顺序。当碰到问题时，立刻"连接"微项目解决问题，不同的学习路径，不同的学习方式都可以得到自由的发挥。

　　解构的过程让学生深入了解项目，了解完成项目所需的微项目，为整合、重构提供知识和准备条件。

　　第二步：整合

　　学生组成的研究团队分工进行相应的微项目学习，这是一个学生因整合、重构的需要去学习解构的微项目知识，再合作将各个微项目的内容整合到一个项目中的过程，这是对微项目的内容深入学习的过程，也是将所了解的零碎的、粗浅的知识转变成一个探究世界相互联系的不同侧面的过程，是由了解到应用、由独立到整体的过程。

　　在这个过程中，学生面对实际问题自行选择研究，教师引导学生进行知识的整合，完成项目，如此可以激发学生更大的求知欲望，将学生对单一的知识点的较低层次的理解向较高层次的应用推进。

　　第三步：重构

　　在整合的基础上，还要思考如何将项目完成得更好，还可以将项目运用到其他什么场景，可以解决其他什么问题。譬如学生会思考增加机器人运送消毒液的场景，会设想将此项目迁移到商场、社区等场所。通过重构，学生会思考新的问题，组织或整合过去的经验以面对新的问题情境，在这个过程中，学生完成了从"分析领会"到"综合运用"，从"学习理解"到"融会贯通"的过程，实现知识内化，自觉主动地积累了经验，学生结合生活实际去看一看、想一想、做一做的过程也就是一种将所学知识有效地应用于新环境的能力,这是一个从模仿到改进再到创造的过程,也是培养学生自主创新能力的过程。

第四节　项目与微项目策略分析

如果说项目是一棵树,那么微项目就是一片片树叶,在结合项目与微项目的教学实施过程中,教师要善于为学生描绘完整的知识树,需要关注项目和微项目设计的正确性、多样性、结构性等问题,如此基于项目和微项目的教学设计才能更完善。

一、设计微项目的注意点

教师以微项目的方式呈现项目活动的内容,学生在一个个微项目的引导下展开教学活动,整个过程环环相扣,结构紧凑。教师设计提供微项目要注意以下原则。

正确性原则:在进行教学设计时,要确保微项目中出现的文字、符号、公式、图表及概念、规律等的表述准确无误。

开放性原则:项目的实践过程绝不是教师的"一言堂",这样的过程是开放性的,学生参与其中,形成一种愉快、轻松的氛围,而微项目的设计和运用进一步促成了这样的开放性,主要表现在学生可以主动选择,选择学习内容、学习过程。

渐进性原则:作为老师,要找准"最近发展区",在设计微项目时,不能太难令学生望而却步,要注意微项目难度的循序渐进,逐步促成学生研究水平的提高。

针对性原则:教师要思考学生学习的每个项目涉及的知识点是什么。首先需对项目细化,分解项目各个环节所蕴含的知识、技能、方法、规范、素养等。针对有些知识点在多个教学项目重复出现，而某些应该重点讲授的知识点易被遗忘的问题，应该考虑这些知识点到底应在哪个项目中设置，应该怎么设置。另外，在项目实践的过程中，不同学生会面对不同的问题，有些是常见问题，有些是偶发性或潜藏性问题，我们应该考虑如何为学生提供可参考的资源，让他们能够正确、迅速地确定问题的原因。

可操作性原则：每一个微项目的目标要具体，操作要明确，呈现方式要生动多样，重点难点在哪儿要做详细说明，微项目的设计应具有一定的难度和挑战性，问题的提出方式及内容要能激发学生的兴趣。

二、设计项目的注意点

项目是微项目的综合运用，以帮助学生实现知识的牢固掌握和灵活迁移与运用，提高学生分析和解决实际问题的能力，设计项目需要注意以下原则。

1. 项目设计的多样性和结构性

教师在设计项目要注意项目内容的多样性，提供学生丰富的学习情境，同时要注意结构性，可以用构建结构图或其他图表的形式呈现整个项目所包含的微项目，让学生明白他们要做什么、选择什么、知道什么、不知道什么等。多样化和结构性的项目为学生创设有效的教与学的过程或程序。

2. 指导学生设计项目的目标明确性

目标明确才会坚持方向、勇往直前。学生提出自己的项目，要知道目标在哪儿，知道完成自己的项目需要什么样的微项目支撑。学生因"需"而"索"，通过解决一个个微项目的问题向项目目标迈进。在已有项目基础上，教师指导学生更进一步完善自己任务或提出更高水平的项目，从而形成良性循环。

3. 帮助学生提出自己的好项目

进行项目设计可以提升学生的自觉意识，但学生提出的项目不一定是马上就可以执行的项目，教师要从源头把关，帮助学生分析修改他们的项目，将草率的项目做认真，浮夸的项目做踏实，空洞的项目做饱满，随后在学生动手制作时，再引导学生反思、评价自己的项目，进一步优化项目，学生从这个过程中也可以感悟严谨、细致、容不得马虎的科学研究态度。

三、项目—微项目—项目的"实""活""效"

项目—微项目—项目的教学设计流程以"实""活""效"为特点，承载知识、反映知识。

实：教师构建项目并不是凭空想象，而是基于学习目标分析、学情分析、学习内容分析而来，有着坚实的基础。项目问题聚集、主题突出、教学目标清楚、教学内容明晰，则更能促进学生思维。

活：学生的认识水平和智能结构是有差异的，面对不同的学生，教学设计不能一成不变。现代教育观念强调"承认差异，利用差异"。微项目教学设计的添加和删除更为灵活，教师可以巧妙地设计教学任务，引导学生积极探索、自主学习，使不同层次的学生都能体验到成功的乐趣，提高学生探究解决问题的能力。

效：嵌入式控制技术不断更新，使用微项目的教学设计更容易修改或扩展原有资源，形成新的微项目模块。对微项目进行选择、整合，能形成新的项目设计，这可以减轻师生的工作与学习强度，帮助教师优化教学效果。同时学生可以将知识迁移到各种不同的机器人产品中。实践证明，通过项目—微项目—项目的教学实施过程，学生在提升创新能力等方面获得了显著的成效（表3-5）。

表3-5 项目的"实""活""效"

	活 动 开 始	多 次 活 动 后	活 动 效 果
面对问题	90％以上学生习惯地问老师"我为什么不对""这个怎么做?"他们希望老师能给到直接的答案。	很少学生会问"这要怎么做"以及类似的问题,随之而来,碰到问题,他们习惯开始"我认为可以尝试这样做"的讨论。	碰到问题自己思考、互相讨论,同学们渐渐养成讨论分享的习惯,他们明白可以听取多个建议,尝试多种解决方法,多角度地全面分析问题、解决问题,这样的讨论分析中既有概念或设想的孕育,构思的渐进性完善,又有顿悟,豁然开朗的突跃性飞跃,思维过程发生质变。
讨论过程	学生往往不知如何介绍自己的方案,分角色讨论中学生只愿意当评价者,作为质疑者不能提出有针对性的问题。	学生会使用图示、文字等清晰描述自己的方案,对每个角色都能得心应手地处理,点评到位,质疑点明确。	教师鼓励学生用自己的眼睛观察世界,引导学生在已有的知识空间进行知识的相互转换,结合所学的知识原理和实践经验,从不同角度、不同层次和不同路径对发现的问题进行综合性观察、分析、研究,经历这样的过程,学生更能看到问题的本质,提升综合分析问题以及知识综合应用能力。

	活 动 开 始	多次活动后	活 动 效 果
实践过程	经常显得手足无措，不知从何下手。	学生知道做什么，知道如何去做，会主动制定计划，进行方案设计、切实执行计划，并会评估结果等。	在这个过程中，学生亲身参与从制定计划、策划方案、设计作品并制作、测试等一系列开发过程，他们分析问题、解决问题，遭遇挫折时自我激励、自我鼓励，体会自己的责任感，并享受最终任务完成任务的成就感。

第四章　从素养培养看课程延展

在时代机缘下,"嵌入式控制"课程成为学校的特色课程,然而,我们又面临着新的问题:技术在不断发展,课程如何跟着技术的进步不断迭代更新? 为了满足学生的更多需求,如何在能量输出、同频共振的过程中,把特色课程打造成学校内涵的动力源,从单一的特色课程发展到一系列特色课程? 如何把特色课程转变为学校课程特色?

围绕这些问题,我们以人文科创素养培养为核心,以"嵌入式控制"课程为起点,聚焦核心素养与育人目标,思考单个课程的纵向发展,挖掘课程与课程之间的横向关联,探索多个课程的课程功能、课程结构、课程实施等方面的整合与优化,构建由点到体、能量循环供应的教育发展新模式,形成多层次实践样态。

第一节　聚焦素养培养

聚焦素养培养的教育关注课程价值的思考,探索学生必备品格和关键能力的养成,是落实立德树人根本任务的一条有效途径。

科学教育与人文教育是当代教育共同目标的两个方面,我们直面学校实践具体情况,于一般理论与丰富的学校实践的结合中,以"人文科创素养"培养为切入点,努力探寻学校科创课程发展的方向。

一、观察与思考

（一）从学校层面观察

近年来,很多学校积极回应新时代育人方式的变革,开设了多样的选修课程,丰富了学生的体验,开阔了学生的视野。但观察当前课程建设现状,我们发现了一些问题。

（1）各校开设选修课程以培养学生的创新素养,但纵观当前的科技创新类选修课程,一般注重科技知识、技能的传授和创新能力的培养,对科技教育中的人文关怀不够,对科技教育的全方位育人意义理解不清,没有站到培养学生人文与科创融合的综合素养的高度来思考高中科技教育。

（2）学校自行开发的选修课程,数量可观、内容丰富,但这些课程的开发往往由一位老师或者一个学科教研组完成,老师与老师之间、教研组与教研组之间缺乏沟通,因此课程开发者往往只关注这一门课程的开发建设,不考虑与其他课程之间的关系与关联度,于是整个学校开发的选修课程就呈现碎片化的现象,只看到"点"的建设和"量"的增加,而看不到"面"的思考和"质"的提升,缺乏整体性、系统性的课程设计与建构。

（二）从学生角度观察

学生初学某个课程时,往往被科创课程名称或课程内容吸引,产生了很大兴趣。经过一段时间的学习,学生会尝试设计开发不同的项目,当他们深入探究时,往往发现这些项目的解决方案会涉及很多不同学科的知识,当不能获得更多的跨学科信息和帮助时,很多学生往往浅尝辄止,止步不前。

因此,在学习过程中教师不能局限于一门课程的教学,需要为学生提供多方面、多渠道的知识和信息输入。如果教师能够设计和实施一系列互有关联、互有影响的课程,实现系统培养,那么对高中学生的科创人文综合素养的提升会有更大的帮助,培养效果会比分散的、碎片化的课程更好。

二、理论基础

STS 是科学(Science)、技术(Technology)、社会(Society)英文单词的首字母缩写,STS 教育理念强调科学、技术与社会的融合,在教育领域提倡科学教育、技术教育与服务社会的契合,试图改变科学、技术和社会脱节的状态,使科学与技术更好地造福人类社会。

STEM 是科学(Science)、技术(Technology)、工程(Engineering)、数学(Mathematics)英文首字母缩写,STEM 教育理念起源于美国,它并不是科学教育、技术教育、工程教育和数学教育的简单叠加与组合,而是通过课程整合教育打破学科边界,促进多学科交叉,培养学生的动手实践能力和科技创新精神。

哥伦比亚大学 Nashon 教授认为,STS 教育理念和 STEM 教育理念都倡导学科知识融合、知识和能力并重,STS 教育理念是 STEM 教育理念的基础,STEM 教育理念是对 STS 教育理念的拓展与延伸。STS 教育理论和 STEAM 教育理论正是人文、科创等多元融合的反映。

20 世纪 30 年代,美国著名科学史家和哲学家萨顿在《科学史与新人文主义》论著中提出了"科学人性化"的要求。20 世纪 40 年代,美国著名科学社会学家默顿则比较系统的研究了科学的人文精神内涵,提出了应当避免"纯科学"的倾向。梁思成教授在 1948 年曾经呼吁,要走出"半个人的时代"。爱因斯坦曾说过:"仅仅用专业知识教育人们是不够的。通过专业教育，他们可以成为有用的机器，但不能成为和谐发展的人，最基本的是让学生了解知识的价值并产生温暖的感觉。"

从未来社会发展的需要和教育自身发展的规律看，科学教育和人文教育都有其合理的内核与现实价值，是影响个人成长不同方面的重要因素。科学技术解决"方法"的问题，为人类提供"工具理性"，人文则解决"向善"与"向美"的问题，为人类提供"价值理性"。科学教育与人文教育从来就不是相互分离的，更不是相互排斥的，他们是相互补充、相互促进，也是相互贯通的，人文教育的发展需要科技教育的支持，科技教育的发展需要人文教育的扶助。

基于以上理论，结合学校的实际情况，我们对人文与科创进行如下界定。

人文：人文是指人类文化中的先进的、科学的、优秀的、健康的部分，是一个人群共同具有的符号、价值观及其规范。嘉定一中的人文素养更注重的是一种"嘉懿精神"，嘉定一中的全体师生对于优良品德与美好情操的追求，目标明确、意志坚定，自始至终、持之以恒，是本真的坚守，是外化的丰富，是精神世界的逐步丰厚。

科创：科技创新的简称，自 20 世纪 80 年代以来人们逐渐形成的习惯用语。意义较模糊，总的来说代表科学技术方面的创新、创造活动，或指与科技创新有关的概念。

三、实践基础

嘉定一中以"人文科技合力，培育嘉懿学子核心素养"为办学特色，构建"嘉懿"课程（如图 4 - 1 所示），坚持"五育并举"，依据立德树人的根本任务和要求，以学生核心素养培育为目标，紧扣"合作—创新教育"办学理念和学校育人目标，关注学科核心素养概念及跨学科多功能的应用,提升学生发现问题、分析问题、解决问题的能力,着力培养学生的理想信念、社会责任、创新精神和合作能力。

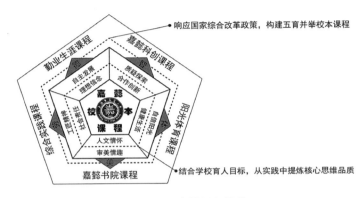

图 4-1　嘉懿课程结构

学校的变革与发展为实践奠定了基础,在此基础上我们着手构建由若干门课程组成的一个结构合理、彼此连接、相互配合的课程集群,通过分析各课程中人文知识与科创知识两个要素及其内在联系,将科创教育、人文教育相互嵌入,联结为一,最终促使学生能够从人文、科学等视角全面认识技术,提升学生的科技创新素养和人文素养融合的综合素养。

四、聚焦人文科创素养培养课程开发的合理性探讨

人文、科技一直被认为是两个不同的学习领域,甚至被分列为文、理科两大阵营。事实上,科学活动的全部过程始终贯穿着人文精神,如今,人类在享受科技给我们生活带来各种便利的同时,也应该时刻警惕科技发展引发的一些弊端。只有保持人文与科技之间的和谐与发展,只有让学生具备人文与科技的综合素质,才能在未来理解

和改造世界的过程中克服弊端,让科技发展给人们带来更大的益处。

一个个独立的课程往往更多地关注课程知识点,而多个课程的集体建设应从多角度、多源头整合知识、创设项目内容,并深入探究相关的人文和科技内容,突出强调学生学习过程中的体验性、探究性、思辨性。单课程在学科素养或能力培养中存在"渠道窄"的问题,通过多个课程参与的、综合性的研究,形成分层分类的多梯度项目,多课程集体建设可聚焦于解决各类复杂的、依靠单个课程无法解决的系统性问题,成为学生新的生长点。

人文与科创融合的多个课程并非将体系相对独立的课程简单聚合到一起,而是通过项目引导老师和学生共同卷入,打造一个具有想象空间的教学新范式,这样的系列课程比单一的课程更具有吸引力、更具有扩展性。

因此,人文与科创相融合的一系列课程的设计可以破解高中教育中人文与科创教育割裂的问题,开辟新的培养途径。

第二节　聚焦素养培养的课程开发与实施

基于素养培养的多个课程的设计从根本上来说是一种体系建构,这要求我们厘清各课程的框架结构,将纷繁复杂的多个课程内容进行结构化处理,让课程具有真正的整体性、清晰性。我们通过三步开展研究从而推进课程的开发(见图4-2):整体构建——以培养学生的人文科创素养为课程群建设引领,确定课程目标;点状开发——明确不同课程内容之间的关联,搭建相互支撑的基本框架,确定课程内容;统整实施——运用学科上位的视角,发掘不同课程内容的内在关联,确定项目,进行实践,由此形成高中科创教育培养的新方式,这

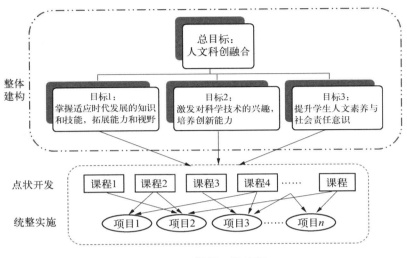

图 4-2　课程开发过程

也是践行核心素养教育的新尝试。

一、整体建构，筑课程之基

整体建构从梳理已有课程出发，从特色课程中提炼价值元素，使之成为课程开发设计的支点，进而确定课程总体培养目标、课程纲要，这是课程开发的基础。

（一）梳理已有课程

在进行课程开发之前，我们梳理了学校已有课程，并对已有课程的内容进行分析整理。

学校本着"基础厚实，自主创新、合作发展"的要求，在"人文情怀、合作精神、创新素养、社会责任、国际视野"育人目标指导下，依托嘉懿思维广场优良的硬件条件，构建了促进学生全面而个性发展的嘉懿课程体系（见图 4-3）。横向布局上，学校融合必修与选择性必

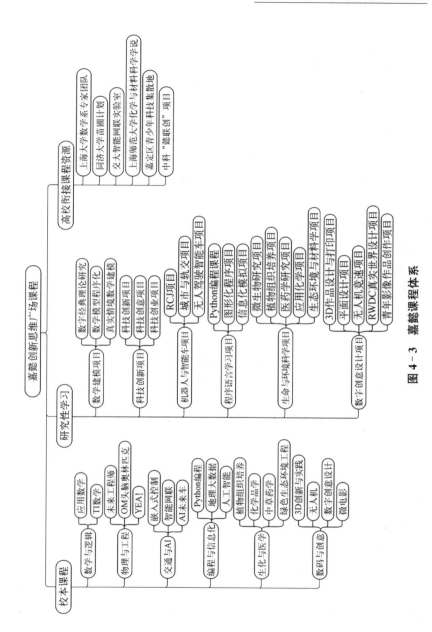

图 4 - 3 嘉懿课程体系

修课程中的数学、物理、化学、生物、技术、艺术等科目，贯通科技类课程与综合实践活动（研究性学习），以高校衔接课程资源为支撑，用发展、创新、能力、研究和合作五个关键词分年级对学生的发展目标进行预设。纵向布局上，将校本课程划分为数学与逻辑、物理与工程、交通与 AI、编程与信息化、生化与医学、数码与创意六大类，涉及课程 20 门左右，满足学生需求的多样性，丰富学生学习的选择，拓展学生个性特长发展的学习空间，着力挖掘学生的探究精神、创造精神、合作精神，提升学生科创素养。

我们从以上校本课程中选择了"无人机文化与技能""AI 上 Python""嵌入式控制""人工智能""应用数学""OM 头脑奥林匹克""生物兴趣""未来工程师""数字艺术"九个课程进行集体开发研究。选择这九个课程基于以下原因。

差异性：这些课程中有老牌明星课程，如"应用数学"；有契合时代发展需要开发的新兴课程，如"无人机文化与技能""AI 上 Python"；有在传统课程上进行改进的课程，如"未来工程师"；有国家课程选择性必修内容的延伸，如"数字艺术""嵌入式控制"。

典型性：这些课程分属不同的学科门类，在一定的知识领域内具有典型性，如基于数学与逻辑学的"应用数学"、基于物理与工程学的"OM 头脑奥林匹克""未来工程师"、基于生物与医学的"生物兴趣"等。

生长性：这些课程依托嘉懿思维广场，有丰富的硬件资源和良好的试验空间，课程教师也具有强烈的完善课程的意愿，能积极思考如何引导学生探究思辨、实现教育内容基础性与创新性的相互转化，愿意探索开发对学生综合素质培养的课程，课程具有生长性。

这些课程从内容、结构、历史各角度来看都各不相同，但有一个共通点，即都需要老师根据学生的需求，从真实的社会运转和人类活动中选择课程内容，在已有课程基础上不断延伸，实现教育内容传统性与发展性的统一,并且通过迭代,在动态发展的过程中显现产出"新"的课程。另外,课程的选择也充分体现了课程多样化、覆盖面广的特点,凸显普遍意义。

(二)确定课程目标

人文素养和科创素养涵盖面广,课程负责老师在"人文科创融合"的总目标基础上从学生的发展、创新、能力等角度进一步思考,这一系列课程想要达到的学生培养目标是什么,然后细化相应目标的表现和内涵。

经过分析,我们确定了学生人文素养的培养是为学生认识世界提供视角和方法,分成良好的道德情操、丰厚的精神世界、正确的三观(世界观、人生观和价值观)三个维度;学生科学素养的培养是为学生改造世界提供技术和手段,分成好奇与探索、观察与思考、归纳与概括、演绎与推理、阐释与修改等九个维度,见图4-4所示。

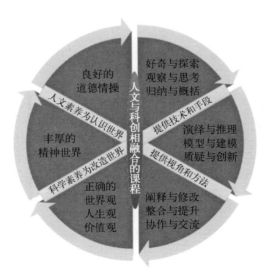

图4-4 人文科创相融合的课程所含素养分析

对人文素养和科创素养的每个维度继续进行细化，我们分析确定每个维度的内涵和表现，如表4-1所示。

表4-1　人文科创素养内涵分析

	维　度	表现（主要内涵）
人文素养	良好的道德情操	自尊、自信、自强，有合作精神和创新精神； 有强烈的责任感及服务他人的意识。
	丰厚的精神世界	好读书、读好书、读经典、用知识去解释自己的困惑； 培养自己诸如绘画、摄影、写作等人文爱好，提高审美情趣。
	正确的世界观、人生观、价值观	积极的情感、态度、价值观； 用正确的价值观武装自己的头脑； 注意自己的言行举止，提高自己的人格涵养。
科创素养	提出问题阶段： 好奇与探索 观察与思考 归纳与概括	善于观察，发现新问题； 善于归纳感兴趣的问题。
	设计方案阶段： 演绎与推理 模型与建模 质疑与创新	有界定、分析和综合信息、解决实际问题和回答问题的意愿； 设计的方案有科学性、逻辑性、可行性。
	实践创造阶段： 阐释与修改 整合与提升 协作与交流	整合所学知识并运用到实际项目中，思维有深度、有广度； 在实践研究获得创造的乐趣。

（三）建构统一的课程纲要框架

课程纲要是每个课程提纲挈领的总体规划。在课程纲要编写过程中,首先要聚焦总目标,结合素养培养目标的分析与细化内容,确立各课程目标,继而进行课程内容和教学安排,思考课程实施条件、评价方案等核心问题,教师从对核心问题的持续思考中提炼,从解决问题的基本策略中概括,从学科的不同维度进行诠释,最终形成统一的课程纲要内容框架,见图4-5。

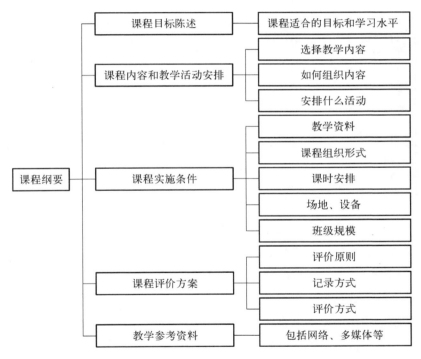

图 4-5 课程纲要框架

二、点状开发,绽课程之彩

完成课程纲要的构建后,每个课程要根据课程纲要进一步进行课程内容的开发设计,每个课程从课程子目标、课程内容、学科知识、教学活动、评价方式几个维度进一步细化,如表 4‑2 所示,由此形成各自的课程内容。

表 4‑2　课程内容设计表

	课程子目标(结合素养培养,以学生能力提升为导向)	课程内容(按主题、问题等分模块或章节说明)	学科知识(结合相关学科梳理课程内容所结合的各类学科知识点)	教学活动(针对课程子目标、内容、知识点展开的教学活动,如讲座、个性化学习、实践活动等)	评价方式(紧密结合课程子目标,兼具过程性评价和终结性评价,方式多元)
课程内容设计					

在这个课程内容设计的过程中,每个课程老师需要进一步思考:课程到底要带给学生什么?学生通过课程会收获哪些知识,提升哪些能力?如数学建模课程提出"站在学生长远发展角度来思考,建模能力的养成不是一蹴而就的,而是日积月累、厚积薄发的。渐进性是实施建模活动至关重要的一个原则,逐步渗透,于无形中学习知识掌握方法。运用已经掌握的数学知识时,首先要去验证,在验证的基础上进一步展开,进一步完成全部建模过程"。未来工程师课程提出"通过社团活动使学生学会看图纸、制作、操作,并掌握相关的物理知识,如:材料力学、机械学、电学、浮力、平衡、气流等,完成多学科知识的融会贯通,实现知识内化,提升综合应用能力"。每个课程各有特色,为学生提供多样的课程选择,拓展学生的能力和视野。

三、统整实施,展课程之翼

课程开发完成后,每个课程是相对独立的个体,我们以人文科创素养培养为核心整合这些课程,在实施过程中需要思考每个课程如何使用、分别放在哪个位置等问题,教师结合这些问题进行理性与科学的有序组织与合理安排,全面思考教学知识、教学行为以及教学评价等要素的逻辑关系,从组合搭配、建构链条、整合优化等方面开展实施。

（一）组合搭配

分析各个课程的内容,厘清各课程之间的横向联系,确定各课程之间的相关性,将关联的课程进行组合与搭配,以项目形式整合并呈现给学生,如统整无人机、人工智能、Python 编程的"机器人防疫"项目,统整数学建模、未来工程师、数字艺术的"中小学生公共资源优化配置"项目等(见图 4-6),学生也可以提出自己的项目,分析项目中涉及的内容,向不同的课程寻找帮助。

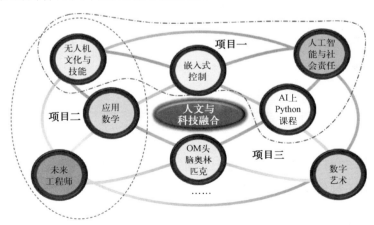

图 4-6 课程统整设计

（二）建构链条

找到课程时序的衔接点，综合分析各门课程在整个项目中的位置和作用，确定学时以及开课的顺序。以基础性内容统一活动，需要深入研究的内容以各项目单独辅导为前提，从系统的观点出发来安排课程。在表4-3中，我们以一学年30周、每周2课时为例，建立时间节点开展活动。

表4-3　课程开展时序安排

时间序列	学　生	老　师
第一周—第四周	选择两到三门自己感兴趣的课程进行初步了解。	介绍课程框架，通过一些案例让学生了解这些内容可以解决哪些问题。
第五周—第六周	围绕课程内容设计项目，或选择参与到老师的项目中。	链接实际生活，指导学生项目设计。
第七周—第二十五周	项目研究，形成更深层次的理性思维。	就学生的项目分课程进行深入指导，帮助学生进行深度加工。
第二十六周—第三十周	分享展示，不断生成独特而深刻的个人见解。	指导、评价，一步步引导学生通过项目研究与古今中外的人文和科技精髓进行交流互动。

（三）整合优化

课程的实施坚持以目标为导向，整合优化，通过多管道知识信息输入、项目化学习体验、社团合作学习深化、研究性学习成果输出、多元评价增思，形成特色教育新思路。具体的做法可结合确定的素养培养目标，有针对性地开展相应的教学活动，确定教学实施方法。如

表 4-4 所示,针对每一个素养培养维度罗列了相应的教学实施方法,如进行人文素养中学生良好道德情操这一个维度的培养,在教学实施过程中,我们可以尝试用开放式的问题激活学生思维,运用价值箴言、古人智慧提升学生品位,引导学生修身践行;如想提升学生科创素养中好奇与探索、观察与思考、归纳与概括等能力,则在教学过程中鼓励学生说出自己对问题的理解和认识,鼓励学生质疑问难,设置有利于激发学生的学习兴趣和探究欲望问题情境。

表 4-4 结合素养培养的教学实施方法

	维 度	教学实施方法
人文素养	良好的道德情操	在学习的过程中和学生开展有效互动,用开放式的问题激活学生思维; 运用价值箴言、古人智慧提升学生品位,修身践行。
	丰厚的精神世界	引导学生广泛涉猎科学与人文各类学科知识; 引导学生从哲学的角度思考科学规律,从人类社会发展的角度去观察科学史,从美学的角度反思科学定律。
	正确的世界观、人生观、价值观	引导学生对现象进行深入的思考; 引导学生正确面对问题、思考问题、解决问题,塑造学生人生观和价值观。
科创素养	提出问题阶段: 好奇与探索 观察与思考 归纳与概括	鼓励学生说出自己对问题的理解和认识; 鼓励学生质疑问难; 设置有利于激发学生的学习兴趣和探究欲望问题情境。
	设计方案阶段: 演绎与推理 模型与建模 质疑与创新	鼓励学生有根据地进行猜想和假设; 教学活动的设计赋予学生一定的任务和责任。

续　表

维　度	教学实施方法
科创素养	实践创造阶段： 阐释与修改 整合与提升 协作与交流	设计有一定的广度和深度的实践活动； 增加学生交流与合作的机会。

同时,在教学过程中结合维度表设计评价表(如表 4-5),对学生开展有针对性的过程性评价。

表 4-5　学生活动评价表

评价项目	单项指标	标准描述	评　价	
			该指标符合程度(A 完全符合;B 基本符合;C 还需努力)	该指标提升程度(A 明显提升;B 有所提升;C 没有变化)
人文素养	良好的道德情操	目标明确； 意志坚定； 追求真、善、美。		
	丰厚的精神世界	善于积累； 积极阅读； 主动、积极探索和扩大自己的学习机会以提高自己的能力。		
	正确的世界观、人生观、价值观	明辨是非； 自强不息； 对新的、不同的观点持开放的心态并积极回应。		

评价项目	单项指标	标　准　描　述	评　价	
			该指标符合程度（A 完全符合；B 基本符合；C 还需努力）	该指标提升程度（A 明显提升；B 有所提升；C 没有变化）
科创素养	好奇与探索 观察与思考 归纳与概括	积极思考；善于观察；善于提问；具有界定、分析和综合信息、解决实际问题和回答问题的能力。		
	演绎与推理 模型与建模 质疑与创新	积极参与；乐于探究；乐于展示；能举一反三，在复杂多变的环境中有效地工作并设计方案。		
	阐释与修改 整合与提升 协作与交流	学会分享；主动交流；勇于创新；能积极提出自己的新观点，并把自己所了解到的新思想传播给他人。		
学生自评				

通过整体构建、点状开发、统整实施三个步骤，我们完成了多个课程的开发与实施，在这个过程中，我们使用了三个策略。

目标导向策略：首先思考课程群想要达到的学生培养目标是什

么，以此确定课程目标，然后细化相应目标的表现和内涵，围绕目标思考什么样的课程内容能使学生更好地达到目标，确定相应的教学内容、教学策略以及评价标准，以目标为导向的策略让研究过程更加聚焦。

统整实施策略：各课程的实施需要有整体架构。学生对课程内容有初步了解后，教师提出融合不同课程内容的项目，不同的项目是对不同课程内容的组合搭配，各课程在每个项目之间的存在是有主次之分的，通过组合搭配、建构时间链条、整合优化形成课程的统整实施。

知行统一策略：课程实施以学生为中心，考虑到学生不同的知识背景和知识基础，倡导多元化教学策略，以头脑风暴、世界咖啡、论坛等多种形式展开项目活动，激发学生开放、合作、协商和注重证据的行动意识，培育以学习为中心的教与学的关系。同时以真实的项目解决情境作为承载，在真实情境的项目解决过程中关注学生的以下能力与品格：认知发展——由已有知识引发的认知冲突的转变；关键能力——关注学生在什么情境下灵活调用什么知识处理什么问题；必备品格——能否持续地做正确的事；价值观念——能否一贯地正确做事，一贯做正确的事，继而促进思维发展，提升思维品格。

总之，课程开发以目标融合为导向，以理念融合为引领，以资源融合为支撑，为学生提供多种整合性、关联性的学习体验，在整合和关联之中促进学生多种能力的提升。

第三节 实例分析

本节以三个实例详细介绍课程的"整体构建—点状开发—统整

实施"开发实施过程。其中第一个实例"'嵌入式控制'课程再开发"介绍了课程在原有基础上进行更新迭代的过程,同时,以该课程中的一个项目"智能驾驶"为例,介绍结合人文科创素养培养的目标确定学习内容的全过程。第二个案例介绍了疫情背景下学生自行设计的《基于随机模拟算法模型研究新冠病毒在商场传播》项目,此项目整合了"应用数学"、"Python 编程"等课程内容。第三个实例介绍了教师结合"嵌入式控制""未来工程师""3D 设计"等课程设计的项目。

一、"嵌入式控制"课程再开发

嘉定一中的"嵌入式控制"课程已有十多年的历史,在这十几年中技术飞快发展,课程内容不能一成不变。在素养导向培养的目标引领下,我们在原有课程基础上进行了再次开发:首先聚焦素养培养目标,结合人工智能与社会责任的内容,提出了"嵌入式控制"课程纲要 2.0 版(详见附录);其次,从课程内容和课程实施两方面出发,调整课程内容和课程实施方案,实现教育内容传统性与发展性的统一,融合人文素养与科技素养,提升学生创新能力。

(一)课程内容——兼容并蓄,丰富课程内涵

在设计课程内容时,我们通过两步整合多学科知识,兼容并蓄,丰富课程内涵,实现人文素养与科技素养的融合。

首先,以"中华优秀传统文化"为切入点,呈现技术迭代的历程,学生通过对古代技术的了解,感受科技发展轨迹及其对人类发展的推动作用,感受人类文明发展和技术社会发展的紧密关系,产生探索和展望未来人工智能的发展的兴趣。

其次,以"社会责任意识"为切入点,通过分析日常生活中可能出

现的种种场景和案例,让学生感受人工智能所引发的价值冲突,感悟技术伦理,树立遵守道德规范的社会意识。

以"嵌入式控制"课程的"智能驾驶"项目的实施为例:我们加入了"历史上的智能驾驶"模块,让学生了解古代"黑科技"与古人让人惊叹的智慧;同时加入"生活中的智能驾驶"模块,让学生体验人工智能社会实践者真实的工作模式和思考方式,最后引导学生拓展思考,培养学生在现实空间和虚拟空间中遵守公共规范、履行个人义务的责任意识,整个项目内容框架如图 4-7 所示,项目内容详见附录。

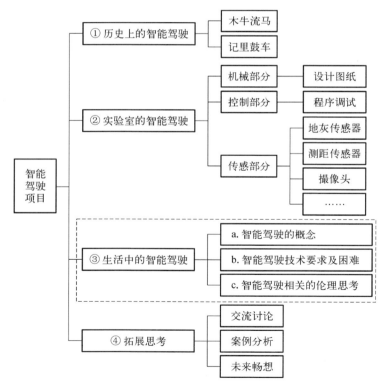

图 4-7　智能驾驶项目内容框架

如此通过技术与人文的学习,使学生以积极开放的心态,理性判断,树立人工智能时代的正确的价值观。

(二)课程实施——探究思辨,升华课程价值

课程内容经过发展和融合,我们还需要思考在课程实施过程中如何创设和学生已有生活或学习经验相联系的学习情境,引导学生探究思辨,实现教育内容基础性与创新性的相互转化。

譬如我们引导学生畅想未来的智能驾驶、智能社区、智能救援,对目前国际上人工智能的发展现状与趋势展开研究,并以学生的探究内容为思辨生长点举办研究论坛,邀请相关的企业人士共同参与研讨。而在思考这些问题的过程中,学生自然而然地将基础性知识与学科的最新发展有机地结合起来。同时培养了学生解决问题、深度学习、自主创新和适应未来的能力。我们围绕"知识技能""情感态度"等几个方面将这一实施过程进行规划,形成实施框架(见表4-6)。

表4-6　"智能驾驶"项目实施框架

模块	子模块	知识与技能	过程与方法	情感态度和价值观	社会责任意识
感知		1. 了解智能驾驶的概念; 2. 了解智能驾驶发展历史; 3. 了解智能驾驶各国发展现状。	通过视频学习、查找资料等方法了解智能驾驶。	1. 通过了解智能驾驶概念以及各国发展现状,激发对科学的兴趣; 2. 通过对各国智能驾驶发展历史的介绍,更好地关注技术发展的历程,感受时代前进的脉搏。	探索智能驾驶发展之路,用历史视角和思维看待问题并获得启示。

模块	子模块	知识与技能	过程与方法	情感态度和价值观	社会责任意识
实践	机械部分	1. 设计并制作自己的智能小车； 2. 了解"木牛流马"的机械结构。	通过阅读、分析、实践制作自己的小车。	1. 通过古代技术的了解，感受到人类文明发展和技术社会发展关系紧密，激发探索和展望未来人工智能的发展的兴趣； 2. 通过对技术的学习，认识技术的价值，形成对技术的尊重，激发学习技术的兴趣及终身学习的愿望； 3. 通过自己设计、实践，感悟智能驾驶开发求实、严谨、创新的特点。	1. 理解人、技术和社会的关系，遵守其中的规则与要求，促进社会的发展，担负起信息社会成员的责任，信守信息社会的道德与伦理准则； 2. 以积极开放的心态，理性判断，参与共建，树立人工智能时代的正确价值观。
	传感部分	1. 了解各传感器原理及参数； 2. 了解古代测距仪—记里鼓车。	通过阅读、分析、实践了解各传感器。		
	控制部分	根据规则设计任务，实践完成任务。	动手实践。		
体验	安亭无人驾驶基地体验	了解无人驾驶技术。	通过参与体验，感悟智能驾驶的技术与责任。	吸纳学科领域的前沿成果，通过体验激发在丰富多样的任务情境环境中学习和实践的兴趣。	体验人工智能社会实践者真实的工作模式和思考方式，培养在现实空间和虚拟空间中遵守公共规范、履行个人义务的责任意识。
感悟	智能驾驶人文与科创融合深度学习	从技术难题、社会伦理两方面探讨智能驾驶的问题。	通过"世界咖啡"等讨论模式讨论案例。通过辩论赛的形式提炼观点。	1. 培养从事例中总结出概念的能力； 2. 培养自主思考的能力。	结合未来日常生活中可能出现的种种场景和案例，感受人工智能所引发的价值冲突，师生共同感悟技术伦理，树立遵守道德规范的社会意识。

模块	子模块	知识与技能	过程与方法	情感态度和价值观	社会责任意识
畅想	智能驾驶人文和科创融合研究论坛	未来的智能驾驶	通过头脑风暴畅想未来，对智能驾驶的发展展开趋势研究、前景预判，对智能驾驶对社会发展的影响作预测。	理解人工智能对人类社会的影响，提高人工智能社会参与的责任感和行为能力，从而成为具备较高素养的中国公民。	倡导从社会科学与技术研究几方面共同努力，让人工智能更好地服务于人类，提高学生的科技创新素养和责任担当以及对未来社会的适应性。

通过课程的再开发，科技与人文相融相通、探究与思辨相辅相成、想象与创造完美结合，这样呈现给学生的课程是立体的、丰厚的、全方位的、有温度的，同时课程背后蕴藏的巨大教育价值被充分彰显出来。

二、学生自主探究的项目

（一）项目背景

2020 年年初，新型冠状病毒疫情突发，商场等人员密集场所成为 COVID - 19 等类病毒的潜在传播扩散环境。在此背景之下，学生自主提出"基于随机模拟算法模型研究新冠病毒在商场传播"项目并开展研究，尝试在明确人群中病毒空气传播机理的基础上，研究人员进入商场后的感染风险，为科学防疫、精准管控提供理论支持。

（二）科学设计

1. 内容

研究商场疫情的传播情况，建立模型，并且利用随机模拟算法编写模拟程序，多次进行模拟，以研究传染病在公共场所的传播因素，并通过控制变量法研究各种因素对于传染病传播的影响。得出结论后结合实际得出对于公共场所防疫的改进方法。

2. 方法

使用随机模拟算法进行模拟研究,并使用控制变量法研究传染病的传播与各种因素之间的联系。

3. 过程

(1)选择具有代表性的公共场所进行研究,找到影响病毒传播的因素以及现有的防疫方法。

(2)基于 Wells-Riley 模型建立传染病在商场的传播模型。

(3)利用 unity 平台,运用随机模拟算法编写传播模拟程序。

(4)使用控制变量法,多次改变模拟参数,研究各因素与传染病传播的关系。

(5)得出结论之后结合实际提出改进方法。

(三)应用前景

顾客进入商场是否佩戴能有效阻断病毒口罩对控制传染病传播起到了决定性的作用,而佩戴的口罩外形、品牌等影响较小。故建议人们在出入公共场所时,一定要佩戴具有足够防护效果的口罩,如医用外科口罩等。

(四)案例分析

这是学生在疫情期间思考构建的一个项目,旨在为科学防疫、精准管控提供理论支持,在这个案例中我们可以看到,通过聚焦人文科创素养的多个课程的统整实施,学生活跃了思维,提升了素养(见图 4 - 8)。

1. 课程知识的融合

任何一个项目不可能独立运用某个课程知识,这个项目涉及数学建模、Python 编程等多个内容,学生要对这些内容有初步的了解,知道用什么技术可以解决什么问题,然后才能构建这个项目。知识

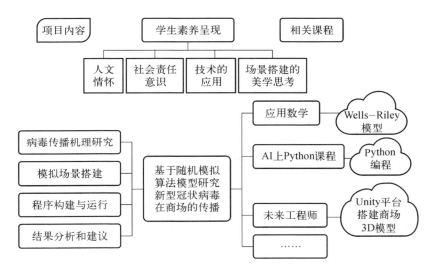

图 4-8 "基于随机模拟算法模型研究新型冠状病毒在商场的传播"项目结构图

的普适性介绍帮助学生的项目构建跨出了第一步。

2. 课程知识的深入研究

学生深入研究相关的技术，与课程老师一起分析、探究，真正将课程内容进行了统整。

3. 学生素养的体现

在这个项目中，学生除了发展显而易见的技术创新素养外，也发展人文素养。学生在项目研究中学会思考，有人文情怀，有数据支撑，也有结构美学的思考，真正体现了学生人文科创素养。

三、教师设计的项目

在节约能源的大背景下，教师结合"未来工程师"课程中的焊接技术和电子电路知识、"嵌入式控制"课程中的单片机控制技术以及物理课的电学知识等开发了"点亮绿色生活，为'节能、环保'添砖加瓦——LED DIY"项目。这个项目让学生利用掌握的知识完成实践创作,在实践过程中理解知识间的相互联系,灵活地加以应用,达到真正的学以致用。

"节能、环保"的口号我们喊了很多年,但是如何用自己的实际行动来节能、环保,如何去实施节能、环保的行为,LED DIY 活动让学生走进社会、融入社会、解决社会问题。

整个活动分为 4 个循序渐进但又相对独立的子活动。

1. 认识 LED 灯

引导学生通过网络、图书馆查找资料,了解节能减排的紧迫性,了解节约用电的重要性,并以黑板报、博客、海报等形式进行节能环保宣传。

介绍 LED DIY 活动,让学生了解活动的目的、内容、要求,组织学生分小组参加此项活动。

LED DIY 基础知识积累:指导学生上网搜集资料,了解现有各种灯具及光源的优缺点,认识 LED 灯及其优点,根据用电量计算方式计算 LED 灯的用电量。

2. 探究 LED 灯

指导学生根据资料设计实验,比较在相同亮度下单位时间内 LED 灯与普通白炽灯、普通节能灯的耗电量。

根据以上实验,指导学生选取某一场合(如学校教学楼、办公楼、学生宿舍楼等)统计灯具的使用数量,在同等亮度下计算出如用 LED 灯代替现有灯具可节省的电量。

3. 制作 LED 灯

电路设计:指导学生通过网络查找 LED 灯的电路图若干张,有能力的同学可以自己设计电路图,并用 Protel 软件画出。通过对各电路的测试比较,确定最后要使用的电路图,并确定实验电路的采购元器件清单。

外观设计：学生准备设计图，用 CAXA 等软件进行外观设计。

材料选择：学生根据设计图收集废旧材料作为制作 LED 灯的原材料，如废旧光盘、550 ml 的塑料饮料空瓶、废弃的手机充电器等。

制作准备：① 工具的配置——万用表、30 w 电烙铁、焊锡丝、松香、剪刀、镊子；② 元器件的配置（每个 LED 灯的元器件）——LED 发光二极管、电容器、电解电容器、电阻、电阻、整流二极管、550 ml 饮料瓶、螺丝灯头（或报废的节能灯头）、废光盘、导线若干米。

制作阶段：学生根据设计方案进行制作。

提高创新阶段：在已有作品基础上，指导学生进行外观、功能等多方面的改进与设计，力求作品的艺术性、创新性和功能扩展性。

4. 成果交流

成果展示活动是总结提高阶段，也是深化学习的阶段。在教师的组织下，不仅在班级同伴间进行交流、展示、评价，更把展示活动推广到全校。学生制作海报，将自己制作的 LED 灯送给学校，同时回收废弃材料（如手机、电池、充电器等），为下一批设计制作做准备。

5. 活动延伸

在已有活动的基础上进行完善和延伸，可指导学有余力及有进一步研究兴趣的同学开展以下活动。

（1）变废为宝巧巧手，环保节能任我行。

倡导学生发挥自己的想象力与动手创造能力，利用废旧物品设计 LED 灯，装饰我们的生活。

（2）LED 应用新方案，环保节能我创新。

注重 LED 灯的创新应用，可以结合 3d 打印等技术让学生的创意得以实现。同时,可鼓励学生通过写论文、设计等多种形式,对本活动进行拓展。

(3)"绿色生活,你我共创"宣传活动。

到各小区进行"绿色生活,你我共创"宣传活动,让学生走出校门,走向社会。

具体项目内容见附录。

第四节　讨论与分析

聚焦素养培养,进行课程延展,从一个课程到综合多个课程,使课程内容更具广度和深度,让学生进一步开阔视野。

在课程统整实施过程中我们发现,学生形成了"了解—模仿—改进—创造"的实践流程,学生通过学习相关课程内容,形成"系统"的概念,然后对此进行模仿、修改,继而设计自己的项目,形成一个新的项目成果。这个学习过程就是一个融合多课程内容创新实践的过程,在此过程中,不仅学生的科技创新能力得到切实的提高,人文素养也在潜移默化中得以提升。

这样的实践过程给学生提供多种尝试机会,学生从被动教育转为主动学习,特别是思维活跃、探究意愿强烈的学生,能以综合性、整合性的思维方式来面对学习、面对社会、面对各种复杂问题,综合素养培育成效更加显著。

在2020学年中,九门课程选修学生提出自主探究项目18项,其中11项在创新大赛、赛复创智杯科技创意设计大赛中获奖。选修课程270名学生的自评表中,认为课程基本符合或符合人文素养指标的达98%以上、课程基本符合或符合科创素养评价指标的达90%以上,96％的学生认为学习课程后对科创素养和人文素养有所提升或明显提升。

表 4-7　选修课程学生自评表统计结果

评价项目	单项指标	该指标符合程度			该指标提升程度		
		A 完全符合	B 基本符合	C 还需努力	A 明显提升	B 有所提升	C 没有变化
人文素养	良好的道德情操	65％	35％	0％	62％	38％	0％
	丰厚的精神世界	68％	30％	2％	74％	24％	3％
	正确的世界观、人生观、价值观	72％	28％	0％	70％	30％	0％
科创素养	好奇与探索观察与思考归纳与概括	70％	25％	5％	66％	33％	1％
	演绎与推理模型与建模质疑与创新	62％	32％	6％	70％	26％	4％
	阐释与修改整合与提升协作与交流	58％	32％	10％	68％	30％	2％

　　上述实践成果证明:从培养高中生科创与人文融合的综合素养的培养目标出发,将原本分散的学习内容和进程安排重新作系统设计,展开知行统一的统整教学,是合理可行的,更是有效的。它为当前高中科创教育提供了新的培养途径和方式方法。

附录 A "嵌入式控制"课程纲要 2.0 版

一、课程开发说明

(一)背景分析

2017 年 7 月,国务院发布了《新一代人工智能发展规划》,明确提出"加快人工智能创新应用""为世界人工智能发展作出更多贡献",文件要求"实施全民智能教育项目,在中小学阶段设置人工智能相关课程",表明了国家在战略层面对基础教育阶段的教育提出了面向新时代的新要求;2018 年 1 月,教育部公布《普通高中课程方案和语文等学科课程标准(2017 年版)》,人工智能、物联网、大数据处理正式被纳入《普通高中信息技术课程标准》新课标;党的十八大明确提出"把立德树人作为教育的根本任务",党的十九大进一步强调"落实立德树人根本任务,发展素质教育"。

嘉定区第一中学坚持立德树人的课程价值观,贯彻科技育人的理念,注重学生人文科技创新素养的培养,学校努力创设适合学生的教育,搭建学生"自主发展"的舞台,促进学生的个性发展。

在此背景下学校对原有"嵌入式控制"课程进行更新,通过学习了解人工智能,分析当前社会实际存在的人工智能的现状和问题,从各个角度谈论人工智能对人类未来产生的影响,最终倡导从自然科学、社会科学与技术研究几方面共同努力,让人工智能更好地服务于人类,着力提高学生的科技创新素养和责任担当以及对未来社会的适应性。

(二)意义和应用价值

1. 掌握适应时代发展的知识和技能,拓展能力和视野

人工智能已然成为当前科技创新和推动产业升级转型的焦点,人工智能的发展及其在各个领域的应用将会显著改变几乎所有行业原来发展的路径,不断催生新的业态和商业模式,形成新的发展空间。在人工智能广泛应用的背景下,学习人工智能知识,是新时代中学生顺利迎接和面对智能时代的关键一环。

2. 激发对科学技术的兴趣,培养创新能力

课程在实施过程中,以学生为主体,以项目为载体,以教师为引体,从诱导学生的创新意识和实践意识出发,鼓励学生将人工智能的理念和设计用到未开发的领域,充分发挥学生的创造性,主观能动性,有效激发学生的探索热情和学习科学技术的兴趣。

3. 提升学生人文素养与社会责任意识

在这个课堂上,学生通过对古代技术的了解,感受到人类文明发展和技术社会发展关系紧密;在这个课堂上,通过分析日常生活中可能出现的种种场景和案例,感受人工智能所引发的价值冲突,感悟技术伦理,树立遵守道德规范的社会意识;在这个课堂上,学生通过技术与人文的学习,以积极开放的心态,理性判断,参与共建,树立人工智能时代的价值观。

总之,课程从古代到现在到畅想未来,既关注技术学习,又关注人文素养培养,让学生在课程中增添责任和担当,提升思辨能力,有利于挖掘青少年的创造潜能,促进青少年核心素养的培养。

(三)学生选修条件

熟悉计算机操作,对编程有一定的基础;

对本社团研究内容有浓厚的兴趣,有进一步探索学习的要求;

有一定的逻辑思维能力和创新设计能力。

（四）修习年段

高一和高二年级

（五）教学课时量

每周 2 课时，共计 60 课时。

二、课程培养目标

（一）知识与技能

了解人工智能，学会用科学的方法来分析身边的设备、场景；

熟悉智能驾驶、智能社区等人工智能应用场景中的设备结构、各传感器的应用及其控制方法，学会简单的小型人工智能系统的设计开发；

掌握应用于不同场合的人工智能的开发步骤以及软件设计的基本方法，能将理论向实际迁移；

能够从技术难题、社会伦理两方面探讨人工智能的问题。

（二）过程与方法

以项目活动为主，将知识构建、技能培养与思维发展融入项目实施过程中；

吸纳学科领域的前沿成果，在丰富多样的任务情境中体验人工智能社会实践者真实的工作模式和思考方式；

小组合作学习，激发学生沟通、共享、开放、合作、协商和注重证据的行动意识，提高人工智能社会参与的责任感和行为能力。

（三）情感态度与价值观

通过对技术的学习，感悟人工智能项目开发求实、严谨、创新的特点，认识技术的价值，形成对技术的尊重，激发学习技术的兴趣及终身学习的愿望；

通过人文的渗透，感受人类文明发展和技术社会发展关系紧密，思考个体行为对自然和人文环境的影响,理解人工智能社会中个人与社会的关系,从而有效地使用技术,设计创新方案,并反思技术使用的合理性。

面对人工智能不断普及的现实,培养对人工智能发展的敏感度和适应性,激发探索和展望未来人工智能发展的兴趣,以积极开放的心态,理性判断,参与共建,树立人工智能时代的价值观。

三、课程内容安排

表 A-1 "嵌入式控制"2.0 课程内容

		项目活动内容	课时	本项目实施的设备条件要求(本校的优势)
智能驾驶	感知	智能驾驶的概念; 智能驾驶发展历史; 智能驾驶各国发展现状。	2	1. 实验室有完善的智能驾驶场地; 2. 丰富的传感器、制作材料以供学生选择搭建智能驾驶小车; 3. 安亭无人驾驶基地参观体验方便。
	实践	技术: 1. 设计并制作自己的智能小车; 2. 了解各传感器原理及参数。 人文: 1. 了解"木牛流马"的机械结构; 2. 了解古代测距仪—记里鼓车。 综合:根据规则设计任务,实践完成任务。	12	
	体验	安亭无人驾驶基地体验。	2	
	感悟	智能驾驶人文与科创融合深度学习。	2	
	畅想	智能驾驶人文和科创融合研究论坛。	2	

续　表

	项目活动内容		课时	本项目实施的设备条件要求(本校的优势)
智能社区	感知	智能社区现状与发展。	2	1. 实验室有模拟智能社区场地。 2. 丰富的传感器、制作材料以供学生选择设计、搭建智能社区项目。
	实践	智能社区项目设计与搭建。	12	
	体验	发现身边的智能社区。	2	
	感悟	智能社区人文与科创融合深度学习。	2	
	畅想	智能社区人文和科创融合研究论坛。	2	
智能救援	感知	了解智能救援。	2	1. 实验室有模拟迷宫救援场地。 2. 丰富的传感器、制作材料以供学生选择设计、搭建智能救援项目。
	实践	智能救援项目设计与搭建。	12	
	体验	体验智能救援。	2	
	感悟	智能救援人文与科创融合深度学习。	2	
	畅想	智能救援人文和科创融合研究论坛。	2	

四、课程实施

以项目为中心,以实践为导向,以实际应用为主线,以具体的实验和任务,引入适合中学生接受的人工智能学科知识,同时通过人文的渗透,感受人类文明发展和技术社会发展关系紧密,提升科技与人文素养。

(一)教学活动组织实施过程

围绕"项目",以小组为单位,围绕项目活动主题,从感知、实践、体验、感悟、畅想几个阶段展开教学活动。

感知：了解项目相关的概念和发展。

实践：从机械部分、传感部分、控制部分三个方面分析设计项目。

体验：体验人工智能项目真实的应用场景。

感悟：结合未来日常生活中可能出现的种种场景和案例,感受人工智能所引发的价值冲突,师生共同感悟技术伦理,树立遵守道德规范的社会意识。

畅想：通过论坛等形式开展活动,倡导从社会科学与技术研究几方面共同努力,让人工智能更好地服务于人类。

(二)项目实践活动报告

表 A-2　项目实践活动报告模板

一、确定项目功能		
二、机械部分(画出设计草图)		
三、传感部分		
选用的传感器	选用理由	此传感器的局限

四、控制部分	1. 绘制程序框图
	2. 编写程序代码(找出关键语句)
五、在线调试程序	1. 搭建开发系统
	2. 检查 PC 机-在线调试器-目标应用板之间的数据通信
	3. 在线调试控制程序
六、找出问题,修改与保存	
七、本次项目实践的重点与难点	
八、收获与体会	

（三）教学策略

（1）以真实的问题解决情境作为承载,关注学生的认知发展、运用知识解决问题的关键能力和持之以恒解决问题的必备品格等素养,继而促进学生思维发展。

（2）教师从技术的源头开始,解析原理,打开"技术黑盒",呈现技术迭代的历程,学生感受到人工智能产生的历史背景,感受到人类文明发展和技术社会发展关系紧密,激发其探索和展望未来人工智能的发展的兴趣。

（3）以头脑风暴、世界咖啡、论坛等多元化的教学形式展开项目活动,以学生为中心,激发学生开放、合作、协商和注重证据的行动意识,在问题解决过程中提升核心素养。

（四）配套资源

校本学习资料:《嵌入式控制简明教程》《机器人设计制作简明教程》、K-mon 控制板、Buddy Robot Developer（编译软件）。

五、课程评价

（一）评价原则

1. 评价主体多元化

评价主体可以是老师、同伴,也可以是自己,构建基于核心素养的评价体系,利用多元方式跟踪学生的学习过程,注重情境中的评价和整体性评价,建立由师评、互评、自评共同组成的评价制度。

2. 过程性评价与阶段性评价相结合

评价不仅要关注学生项目活动的结果,更要注重学生在技术活动过程中的收获和对技术思想和方法的理解及体验,所以,我们的评价分为两个部分,一部分是对学生在项目活动过程中参与程度、参与水平的评价,另一部分是对学生整个项目的完成度、创新度的评价。

3. 评价着重于发挥其激励、诊断和发展功能

评价主要目的是增强学生学习的兴趣和积极性,所以评价过程

中要用发展的眼光来看待学生的学习过程,宜作纵向比较而不作横向比较,善于发现学生的闪光点。

（二）评价标准

表A-3　学生项目活动评价表

姓名：_____　活动项目：_____　日期：_____

评价项目	单项指标	标准描述	等级				自评	互评	师评
			优秀	良好	一般	需努力			
活动态度方面	动机（10分）	喜欢本课程并积极投入到项目活动中。	10	8	6	4			
	质疑和探索（10分）	积极思考,善于提出问题并解决问题,勇于克服困难。	10	8	6	4			
项目学习和知识应用方面	主动性和自主性(10分)	能自觉合理利用有效时间安排项目活动,不满足于课程基本技能的掌握,主动、积极探索和扩大自己的学习机会以提高自己的能力。	10	8	6	4			
	灵活性和适应性（10分）	能举一反三,在复杂和多变的环境中有效地工作并完成项目。	10	8	6	4			
	解决问题的能力（10分）	具有界定、分析和综合信息,解决实际问题和回答问题的能力。	10	8	6	4			
	综合运用能力(10分)	善于整合所学知识并运用到实际项目中,思维有深度,有广度。	10	8	6	4			

评价项目	单项指标	标准描述	等级				自评	互评	师评
			优秀	良好	一般	需努力			
创新意识和实践能力方面	操作能力（10分）	动手能力强，操作技能熟练。	10	8	6	4			
	创新精神（15分）	积极提出自己的新观点；对新的、不同的观点持开放的心态并回应；把自己所了解到的知识传播给他人。	15	12	9	6			
	创新能力（15分）	实践过程中有具有创意的想法，提出具体有益的见解和建议，体现出创造和发明的才能。	15	12	9	6			
总分	100								

教师评语：

小组项目活动成果评价表

评价项目	★★★	★★	★	学生评价	教师评价
功能创新性	功能新颖，设计合理。	设计基本符合要求，有点新意。	功能设计方面还需斟酌，加以改进。		

评价项目	★★★	★★	★	学生评价	教师评价
程序设计、优化、项目调试	程序精练，结构清晰，调试顺利。	程序调试通过，程序结构尚需优化。	未能顺利通过程序调试。		
项目完成的效果、质量	项目有个性、有创意，完成及时。	在规定的时间内基本完成项目实践。	不能调试出项目结果，需进一步修改、完善。		

附录 B · "智能驾驶"项目内容

"智能驾驶"项目内容概况如图 B-1 所示。

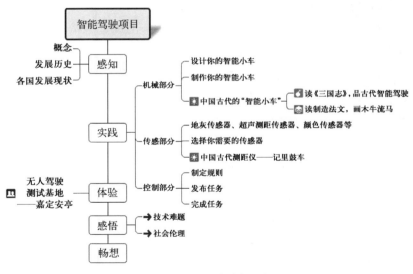

图 B-1 项目内容概况图

一、感知

汽车进入人类生活已经有一百多年历史。通过这部分内容的学习,知道智能汽车的概念、发展历史和发展现状。

（一）概念

和无人驾驶概念相比,智能驾驶概念更为宽泛。它指的是利用车载传感器来感知车辆周围环境,并根据感知所获得的道路、车辆位置和障碍物信息,控制车辆的转向和速度,从而使车辆能够安全、可靠地在道路上行驶。

目前的智能驾驶分为五个等级。

Lev‑1:人类司机全盘操作。

Lev‑2:系统和人各操作一部分,例如防抱死系统（ABS）。一旦紧急刹车,轮胎就会抱死不动,无法转方向盘,导致车祸,安装 ABS 后,即使紧急刹车,方向盘也不会失灵。

Lev‑3:由电脑系统开车,人负责监管,出现紧急情况时,系统会发送请求,由自动转入手动操作。

Lev‑4:系统完成一切操作,并且应对各种状况,人只需要睡觉。但 Lev‑4 的无人车只能在一般情况下运行,例如遇到路况不好、堵车、人多、雨雪、沙漠地带等情况,就可能无法自动行驶了。

Lev‑5:系统操作一切,并且适应任何环境。

目前的技术达到了 Lev‑4 级别,但距离 Lv‑5 也并不遥远。

（二）发展历史

最早的自动驾驶,大概可以追溯到科幻小说家阿西莫夫一篇名为《Sally》的短篇小说,文中描写了一群具有“大脑”的“自动汽车”与主人之间的故事。

1956 年,通用公司正式展出了 Firebird Ⅱ 概念车,这是世界上第一辆配备了自动导航系统的汽车,外形神似火箭头。

1977 年,日本开发出的自动驾驶汽车,车内配备了两个摄像头,并用模拟计算机技术进行信号处理,时速能达到 30 公里。

2009 年,谷歌在 DARPA 的支持下,开始了自己的无人驾驶汽车项目,从此拉开了现代无人驾驶技术的大幕。

(三)各国发展现状

谷歌版:Google 的新款无人驾驶汽车基本实现了全自动,和一般的汽车不同,它没有方向盘和刹车,只要按一下按钮,输入地址,它就能把用户送到目的地。

英国版:英国生产的无人车都十分迷你,其中一款"优尔特拉"酷似小型飞船,2010 年投放希斯罗机场作为出租车运送旅客。

法国版:法国 INRIA 公司研制出"赛卡博"(Cycab)无人驾驶汽车,外形看起来像高尔夫球。

德国版:德国汉堡的 Ibeo 公司生产的无人车由普通轿车改装而成,车身安装六台用于感知和定位的激光传感器。

阿联酋版:2016 年,在迪拜市中心试运营的名为"EZ10"的无人驾驶电动车外形方正,车身不分前后,可以双向行驶。

中国:2011 年,国防科技大学自主研制的红旗 HQ3 无人车完成了从长沙到武汉 286 公里的行程;百度深度学习研究院开发的无人车,应用了视觉、听觉等识别技术;2018 年 4 月 18 日,无人驾驶清洁车队亮相上海市松江区,该车队由一辆 6 米长的中型清洁车以及一辆 3 米长的小型清洁车组成,可自动启动、自动清扫、自动通过红绿灯、自动避开路边障碍等。

(四)智能驾驶的相关技术

1. 车道保持技术

识别道路上的黄线白线,保持不偏离车道。

车道保持是最基本的技术,不过,在没有画线的道路,比如农村的泥土路上,就需要更高的识别技术。

2. 自适应巡航控制（ACC）

即控制车速变化，包括测定前方和周围车辆的速度，以便随时加速或减速，防止发生碰撞。

自动控制速度，能有效避免撞车，但也有不足，例如前面车很慢，无人车也只能放慢，因此需要教系统学会如何安全超车。

3. 激光测距系统

使用激光测定车与周围物体的距离，以便绕开障碍，最常见的应用是自动倒车和停车。

不足之处是太过谨慎小心，总是担心碰到任何东西，不如人工操作迅速，比如自动停车比较慢，而一些老司机凭感觉几秒就能完成。

4. 精准定位和导航

定位和导航系统是无人驾驶车必备的技术，能够使车辆准确地规划路线，达到指定目的地。

导航技术要求非常高，其定位甚至要求精确到厘米。

导航技术存在数据不准、网络断开、误差、系统错误等各种问题。

5. 其他技术

此外，无人驾驶汽车还需要各类其他技术支持，例如：夜视系统以便夜间行车；交通识别技术识别红绿灯、各种交通标志以及交警手势、行人等；车辆监测实时监测车辆状况；决策系统能够应对各种状况、自主决定的智能系统。

二、实践

（一）中国历史的黑科技——木牛流马

千年前，人类就梦想着用机器来代替人的劳动，执行人类给出的任务，帮助人类解决问题。古人运用他们的智慧进行了各种尝试，将梦想变成现实。

传说在三国时期,蜀国丞相诸葛亮就发明了"木牛流马",这可谓是最早的"智能驾驶"。"木牛流马"可以在崎岖的山路上运送战备物资,"人不大劳,牛不饮食",载重可达四百斤以上,每日行程几十里,令世人不得不感慨其神奇。

任务一 读《三国志》,品古代"智能驾驶"

《三国志·诸葛亮传》记载:"亮性长于巧思,损益连弩,木牛流马,皆出其意。"

《三国志·后主传》记载:"建兴九年,亮复出祁山,以木牛运,粮尽退军;十二年春,亮悉大众由斜谷出,以流马运,据武功五丈原,与司马宣王对于渭南。"

忽一日,长史杨仪入告曰:"即今粮米皆在剑阁,人夫牛马,搬运不便,如之奈何?"孔明笑曰:"吾已运谋多时也。前者所积木料,并西川收买下的大木,教人制造木牛流马,搬运粮米,甚是便利。牛马皆不水食,可以昼夜转运不绝也。"众皆惊曰:"自古及今,未闻有木牛流马之事。不知丞相有何妙法,造此奇物?"孔明曰:"吾已令人依法制造,尚未完备。吾今先将造木牛流马之法,尺寸方圆,长短阔狭,开写明白,汝等视之。"众大喜。

——《三国演义》第一百零二回

思考

1. 在这项发明中,你是否看到了我国古代人民在智能工具制作方面的智慧火花?

2. 司马懿听说后,派人去抢了数匹木牛流马,并拆卸描画图形加以仿造,造出与蜀军所造效果一样、奔走进退如活的一般的"牛马"。魏军也用它们去陕西搬运粮草,而这恰恰中了诸葛亮之计,这是为何?

任务二　读制造法文,画木牛流马

造木牛之法云:"方腹曲头,一脚四足;头入领中,舌着于腹。载多而行少:独行者数十里,群行者二十里。曲者为牛头,双者为牛脚,横者为牛领,转者为牛足,覆者为牛背,方者为牛腹,垂者为牛舌,曲者为牛肋,刻者为牛齿,立者为牛角,细者为牛鞅,摄者为牛秋轴。牛仰双辕,人行六尺,牛行四步。每牛载十人所食一月之粮,人不大劳,牛不饮食。"

造流马之法云:"肋长三尺五寸,广三寸,厚二寸二分:左右同。前轴孔分墨去头四寸,径中二寸。前脚孔分墨二寸,去前轴孔四寸五分,广一寸。前杠孔去前脚孔分墨二寸七分,孔长二寸,广一寸。后轴孔去前杠分墨一尺五分,大小与前同。后脚孔分墨去后轴孔三寸五分,大小与前同。后杠孔去后脚孔分墨二寸七分,后载克去后杠孔分墨四寸五分。前杠长一尺八寸,广二寸,厚一寸五分。后杠与等。板方囊二枚,厚八分,长二尺七寸,高一尺六寸五分,广一尺六寸:每枚受米二斛三斗。从上杠孔去肋下七寸:前后同。上杠孔去下杠孔分墨一尺三寸,孔长一寸五分,广七分:八孔同。前后四脚广二寸,厚一寸五分。形制如象,靬长四寸,径面四寸三分。孔径中三脚杠,长二尺一寸,广一寸五分,厚一寸四分,同杠耳。"

思考

根据以上材料你能想象木牛流马的样子吗?尝试画出你心中木牛流马的草图。

(二)中国最早的"计程车"——记里鼓车

晋 崔豹《古今注·舆服》:"大章车,所以识道里也,起于西京。

亦曰记里车。车上为二层,皆有木人,行一里,下层击鼓,行十里,上层击镯。"

《隋书·礼仪志五》:"记里车,驾牛。其中有木人执槌,车行一里,则打一槌。"

《晋书·舆服志》:"记里鼓车,驾四,形制如司南。其中有木人执槌向鼓,行一里则打一槌。"

思考

1. 根据你的理解,说说记里鼓车的原理。

2. 试计算《孙子算经》中的一道除法计算题:"今有长安洛阳相去九百里,车轮一匝一丈八尺,欲自洛阳至长安,问轮匝几何?"

3.《尚方故事》有作车法(见图 B-2),结合下图以及你的理解尝试制作一辆你的"记里鼓车"吧。

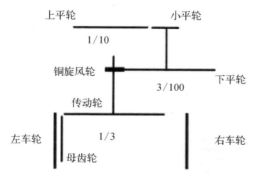

图 B-2　宋代记里鼓车示意图

令人惋惜的是,记里鼓车之后多用于皇帝出行时的一种仪仗,原本计算里程的功能反而被逐渐弱化。到了元朝时期,记里鼓车的制造技术彻底失传。记里鼓车从此消失在人们的视野中。

（三）设计你的智能驾驶

智能驾驶技术正越来越多地汲取人工智能的精华,本项目旨在制作一辆智能驾驶小车,使车辆在实验室的智能驾驶场地内(见图 B‑3)安全行驶,同时能完成各种特定任务。

图 B‑3　实验室智能驾驶场地

1. 传感器说明

（1）地面灰度传感器

地面灰度传感器(见图 B‑4)主要通过检测地面不同颜色的灰度值来辨认颜色,被广泛使用于各种轨迹比赛中判断黑线或白线,从而沿线行走。

图 B‑4　地面灰度传感器

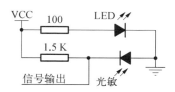

图 B‑5　地面灰度传感器电路图

地面灰度传感器的构成主要包括一个光敏电阻和两个发光二极

管,电路图见图 B-5。

地灰传感器利用光敏电阻的阻值随着光照强弱的变化而变化这一特性,通过光敏电阻接收发光二极管照亮地面的反射光线的强弱而判断地面颜色的。如果地面灰度深,则光敏电阻阻值变大;如果地面灰度浅,则光敏电阻阻值变小。阻值的变化转变成电信号的变化,通过机器人主板上的模拟口输入到机器人控制器,再由微控制器中的 A/D 转换器将电信号转换成 0~1 023 的数值,可以通过对数值的判断来确定颜色信息。

(2)超声测距传感器

超声测距传感器(见图 B-6)是通过超声波的传播和反射测得时间差从而得到传感器与障碍物之间的距离,检测精度为±1 cm。

超声测距传感器的超声波发射装置向前方发出超声波,同时开始计时,超声波在空气中传播,途中碰到障碍物即刻返回,超声波接收器收到反射波就立即停止计时。超声波在空气中的传播速度为 340 m/s,速度×时间/2 即可得到传感器与障碍物体之间的距离。

图 B-6　超声测距传感器

图 B-7　红外测障传感器

(3)红外测障传感器

红外测障传感器(如图 B-7)用来检测前方是否有障碍物,一般用于机器人避障行走,检测距离为 5～100 cm。

红外测障传感器中红外发射管发射红外光,当遇到前方障碍物时,红外光就会被反射回来,红外接收管接收到反射回来的红外光,即可以判断此时传感器前方有障碍物。

图 B‐8　数字指南针

(4) 数字指南针

数字指南针(如图 B‐8)又被称为电子罗盘,是通过固态磁阻传感器感应地球磁场的磁分量,转换为数字量的角度信号,从而得出方位角度值。

数字指南针系统主要由传感器单元、信号调整单元 SCU、方向确定单元 DDU、数据处理单元四个部分组成。它采用磁场传感器的磁阻 MR 技术,并用翻转技术消除信号偏移,用电磁反馈技术来消除温度的敏感漂移,同时系统还集成了几种特殊的抗干扰技术来提高指南针数据检测精度。

(5) 颜色传感器

颜色传感器是将物体颜色同参考颜色进行比较来检测颜色的传感装置。如两个颜色在一定的误差范围内相吻合,输出检测结果。

2. 硬件与结构设计

(1) 除了以上的传感器,你还知道哪些传感器? 说说它们的功能和原理。

(2) 智能驾驶小车在行进的过程中完成自动巡线、避障等功能,因此,需要根据具体要求选用不同的传感器。讨论思考你完成任务需要使用的传感器,在下表记录所使用的传感器的相关信息。

表 B-1 传感器使用信息表

所使用的传感器	位置(机器哪个部位)	拟实现的功能	控制板接口	其他备注

（3）参考智能驾驶小车示范图（如图 B-9）画出智能驾驶小车的结构图。

图 B-9　智能驾驶小车示范图

（4）根据你的结构图,搭建你的专属智能驾驶小车。

3. 项目实施与策略

（1）制定规则

智能驾驶车无论是在实验室还是在生活中,首先都需要有规则意识,大家结合生活实际,看看我们的车需要遵守哪些规则?

（2）设计任务

你们小组的任务是：_____

此项任务需要遵守的规则有：_____

此项任务的技术难点是：_____

你们组对此项目的建议与要求：_____

（3）任务实施

① 路径规划

在实验室智能驾驶场地示意图上（如图 B‐10）规划行进的路线。

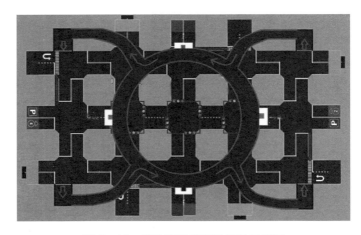

图 B‐10　实验室智能驾驶场地示意图

② 调试实践

硬件的改进：_____

_____

程序的修改：_____

_____

③ 经验与总结

_____

_____

三、体验

在安亭-上海国际汽车城中面向公众开放的智能网联汽车科普体验区亲历无人驾驶过程。（具体内容略）

四、感悟

人们认为,电脑系统驾驶比人类驾驶更加可靠、安全,从而能够有效减少交通事故,但事实真的如此吗?

（一）技术难题

智能驾驶目前处于初步发展阶段,但已经碰到了各种技术难题。

案例一：识别问题

2018 年,一名美国女子深夜横穿马路时,被一辆优步自动驾驶车撞死。监控显示,这名女子当时突然冲到车前,速度非常快,车辆根本来不及识别和刹车。警方调查也表示,责任在该女子,即使当时是人类驾驶,也很难刹车避免事故。

你的感想

_____

_____

_____

_____

_____

反思：

人类无法及时反应,电脑为何也不能及时刹车? 是否应该改进识别系统,以便对高速运动的物体进行识别?

案例二：追尾问题

在一次测试中，一辆经过谷歌改装的自动驾驶车在加州山景城遭到追尾，车上的 3 名员工受了轻微的皮外伤。显然，被别的车追尾撞击，并不是谷歌车的责任，但问题是，它为什么没有避开？

反思：

目前的技术都关注如何避免撞到前面的车，却没有去关注如何避免被后面车撞到，无人驾驶车要不要发展这项技术？即使有了这项技术，是否一定能避开追尾呢？

案例三：技术故障

2016 年 6 月，特斯拉公司生产的 Model S 系列无人驾驶汽车由于技术故障，发生了全球第一起自动驾驶死亡事故，事发原因为无人驾驶汽车处于逆光状态，传感器无法准确获取其前方的白色拖挂车图像信息，导致该车认为前方道路通畅，所以没能及时刹车，最终酿成了悲剧。

反思：

传感器使用的局限导致了事故的发生，我们在设计的时候应该如何全面考虑呢？

案例四：惊慌失措

无人驾驶的推广获得政府许可后，道路
上的无人车越来越多了，然而，交通部门最
新的调查显示，交通事故反而比以前增加了
两倍！因为能够大规模推广的都是 Lev‐4
以下的无人车，仍然需要人来配合，很多不
熟悉无人车的驾驶员在惊慌失措之下胡乱
操作，反而加重了事故。

反思：

从前，司机惊慌失措时最多只是猛踩刹
车，而现在，无人车系统越来越复杂，各种按
钮、触屏到处都是，遇到紧急情况，司机手忙
脚乱，很可能操作失误，错上加错，造成更大
的事故。

无人车原本是为了方便人类，但各种复
杂的技术却反而加重了人们操作的负担，如
何解决这一问题？

（二）伦理问题

除了技术难题外，无人驾驶还面临一系列的伦理问题。

情景一：失业的司机   你的感想

越来越流行的智能驾驶卡车，却在美国
政府法案上被驳回，理由并不是因为大卡车
太危险，而是为了维护美国卡车工人群体的
就业机会。

反思：

滴滴打车和共享单车让出租车司机失业，

很多司机有组织地破坏、砸毁共享单车，未来他们会不会去打砸无人车？

如果将无人车看作车，而不是机器人的话，那么这些车仍然需要人来监管和操控，这样是否能解决司机的失业问题？

情景二：憋屈的市民

小区内停车位有限，但是附近的很多无人车一大早就自己开过来停车，造成居民无处停车。于是一些人在路上喷上油漆，看起来像个大坑，自动系统无法识别，以为路不通，只能绕道去别的地方，但人类司机却能一眼就看出来这是假的，这个方法似乎很管用！

由于无人车都是联网的，绕道的车会报告说道路出现障碍，其他的无人车收到消息也不来了，但是，这个消息也被报告给了公路维修队，他们来了之后，发现是个恶作剧，就把油漆擦掉了，居民发现后又涂上油漆，维修队很快又来了……最终，维修队火了，准备找出真凶，追究责任。

思考：如何解决无人车和人类司机争地盘？

情景三：两难抉择

智能驾驶车载着一名乘客前进，刹车突

然失灵,即将撞上前面的行人,如果转弯,会
撞上旁边的大树,造成乘客死亡,如果不转,
会造成行人死亡,此时应该怎么做?

　　智能驾驶车载着一名乘客前进,突然发
现前面有一辆失控的汽车马上就要撞到行
人了,此时,无人车可以选择加速,将失控的
汽车撞开,行人会得救,但乘客可能受伤,也
可以选择置之不理,应该怎么做?

　　智能驾驶车载着一名乘客前进,前面的
广告牌突然掉落,马上要砸到车了,如果转
弯,会撞上旁边的无辜路人,如果不转,会造
成乘客伤亡,应该怎么做?

　　……

反思:

　　如果车上有一人,前方也有一人,是否
转向?

　　如果前方有三人,是否转向?

　　你认为,前方人数为多少时,应该转向?
你会牺牲自己来挽救他人的生命吗?

情景四:

　　根据麦肯锡公司的分析,大部分汽车一
天中有 96% 的时间停在停车场,其余时间的
0.8% 用于寻找停车位,0.5% 浪费于堵车,
纯粹使用在移动上的时间仅占 2.6%。一想
到上下班高峰期困在车里叹气的经历,我们

会对这项结果更有切身体会。据说,汽车驾驶员上下班时浪费的时间每年会超过 500小时。

如果与信息通信技术结合,智能驾驶系统会成为私人专车系统。即使没有驾驶员,也不必将车整天停在停车场,汽车会整日寻找客户并提供服务。

反思:

虽然人们常说"机器不可信",但只要稍微转换观念,也可以像乘电梯一样安心乘坐无人驾驶汽车。你认为这项技术走向实用化需要克服哪些困难、解决哪些责任问题?

五、畅想

你是否赞成大规模推广智能驾驶汽车?

赞成:

智能车减少交通事故;

智能车减轻道路拥堵;

智能车节省时间精力;

智能车更方便快捷;

智能车减少环境污染

......

反对:

智能车不能减少事故,反而增加;

智能车侵占了人类司机的地盘和工作;

电脑系统的驾驶技术太"菜",远远不如人类老司机;

汽车公司只设置保护车内人,造成很多无辜人伤亡;

开车是一件有趣和惬意的事,自动驾驶太无聊;

……

人工智能要想做到在帮助人类的同时保障万无一失,还有很长的路要走。未来,应当着力发展自动驾驶的软硬件技术,逐步完善各项测试标准和管理体系,保障消费者利益和出行安全。

1. 你认为智能驾驶汽车全面推广在技术方面要做到:

_____

_____

2. 你认为智能驾驶汽车全面推广在社会责任方面要做到:

_____

_____

3. 无论科技发展的程度如何,始终需要人们在不断完善的过程中探索并进步。

任务:绘制思维导图,畅想未来生活中智能驾驶的应用,思考如何从技术和社会责任两方面解决目前智能驾驶存在的问题。

附录 C "LED DIY"项目内容

一、LED DIY 基础篇——知识积累

（一）什么是 LED

LED 是取自 Light Emitting Diode 三个字的缩写，中文译为"发光二极管"，它最早出现在 1962 年，是一种有二极管特性的可以将电能转化为光能的电子器件。

图 C-1 LED 示意图

图 C-2 LED 实物图

（二）LED 的种类

按工艺分，分直插式（DIP）和贴片（SMD）；依据产品的发光颜色分为红、黄、蓝、绿、橙、紫、翠绿、白等；按功率大小分为小功率 LED（0.06 W，0.2 W 以下），中功率 LED（0.5 W，0.2～1 W 之间），

大功率 LED(1 W,1 W 以上)。

（三）LED 与其他光源对比的优缺点

1. LED 优点

省电节能,直流驱动,超低功耗,电光功率转换接近 100%,相同照明效果比传统光源节能 80% 以上。

体积小,发热少,适用范围广泛。

寿命长,是普通灯泡的 50 倍;相当于不间断照明 10 年时间。

安全,低压工作、无震荡辐射;无紫外线辐射,直流灯无频闪,真正白光近似自然昼光,适合视觉要求,保护眼睛皮肤。

绿色环保,不含有害金属汞(如荧光灯含汞等有害元素,约 3.5～5 mg/只);可以安全触摸,而且废弃物可回收,属于典型的绿色照明光源。

2. LED 缺点

价格高,成本高。

（四）LED DIY 的电学基础

1. LED 发光二极管的关键参数

I_F：正向或顺向电流,单位：安培(A),mA 指毫安,即千分之一安培。

V_F：正向电压或顺向电压,单位：伏特(V)。

V_R：反向电压或逆向电压,单位：伏特(V)。

I_R：反向漏电,给 LED 施加一个反向电压时所通过的电流,单位：微安(μA)。

ф：光通量,发光体在单位时间内通过某一截面的光能数量,单位：流明(Lm)。

W_{ld}：波长,光波在变化的一个周期内所传播的距离,单位：纳米(nm)。

Lux（勒克司）：照度，光通量与被照面之比值，1 Lux 指 1 L 的光通量均匀地分布在 1 平方米面积上的照度。

从 LED DIY 设计角度来讲，LED 发光二极管最关键的参数只有两个，即 V_F 正向电压、I_F 正向电流。基本上一个 LED 灯珠的工作电压 V_F 为 2～3.6 V，工作电流 I_F 为 10～30 mA，不同色温，不同档次的 LED 灯珠参数会在此范围内变化。过高的电压、过大的电流将会大大缩短 LED 灯珠的寿命，甚至损坏 LED 灯珠。

2. 并联与串联

并联、串联是连接元件的两种基本方式。

串联电路：将各个元件（如电阻、电容、电感等）逐个顺次首尾成串相连接的电路；串联电路中通过各个元件的电流相等。

并联电路：将各个元件"首首相接，尾尾相连"并列地连在电路两点之间的电路；并联电路中的各个元件电压相等。

3. LED 的串联与并联

（1）LED 灯珠的串联

输入电压随着 LED 灯珠的数量增多而增大，整个电路的电流与通过每个灯珠的电流都相同。如图 C-3 的串联电路中，假设每个 LED 灯的电压 V_F 为 3 V，电流 I_F 为 20 mA，则输入电压可以到 $3×3$ V＝9 V，整个电路的电流也是 20 mA。

（2）LED 灯珠的并联

输入电压就是 LED 灯珠的 VF 正向电压，整个电路的电流则是通过每个灯珠的电流之和。如图 C-14 的并联电路中，假设每个 LED 灯的 V_F 为 3 V，电流为 20 mA，则输入电压还是 V_F＝3 V，整个电路的电流则为 $3×20$ mA＝60 mA。

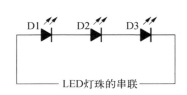

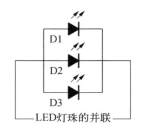

图 C-3　LED 灯珠的串联　　　图 C-4　LED 灯珠的并联

4. 电阻的串联与并联

在 LED DIY 过程中因阻值或功率原因,会对电阻进行串联或并联,以适应电路实际需要。

(1) 电阻的串联

$R_串 = R1 + R2 + R3 + \cdots + Rn$,即总阻值等于每个电阻值之和。对于 n 个阻值相同的电阻串联和并联,公式就简化为 $R_串 = n \times R$,在图 C-5 的串联电路中,假设每个电阻阻值 150 Ω,则总阻值为 $R_串 = 3 \times 150\ \Omega = 450\ \Omega$。

(2) 电阻的并联

$1/R_并 = 1/R1 + 1/R2 + 1/R3 + \cdots + 1/Rn$,即总阻值的倒数等于每个电阻的阻值倒数之和。对于 n 个阻值相同的电阻并联,公式就简化为 $R_并 = R/n$,在图 C-6 的并联电路中,假设每个电阻阻值 150 Ω,则总阻值为 $R_并 = 150\ \Omega/3 = 50\ \Omega$。

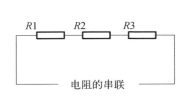

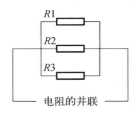

图 C-5　电阻的串联　　　图 C-6　电阻的并联

5. 欧姆定律

导体中的电流,跟导体两端的电压成正比,跟导体的电阻成反比,即 $I=U/R$。

在 LED DIY 过程中我们可用欧姆定律来计算限流电阻的阻值。LED 限流电阻=(输入电压-串联灯珠数量×V_F 正向电压)/I_F 正向电流。

在图 C-7 的电路图中,如三个 LED 灯的 V_F 为 3 V,I_F 为 20 mA,则接入的限流电阻为:$R=U/I=(12\ V-3×3\ V)/20\ mA=3\ V/0.02\ A=150\ \Omega$。

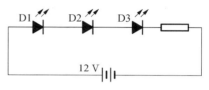

图 C-7 LED 电路图

6. 用电量计算

① $W=UIt$(W 表示用电量,U 表示额定电压,I 表示额定电流,t 表示工作时间,此公式适合于任何电路)

② $W=P×t$(其中 W 表示用电量,P 表示额定功率,t 表示工作时间,额定功率在该设备铭牌上有标注)

W 单位是 J,通用单位是 kW·h,俗称度,即 1 kW 的电器使用 1 h,正好是用了 1 度电。计算后要转化,1 kW·h=1 度=$3.6×10^6$ J。

二、LED DIY 探究篇——节能研究

在 LED DIY 基础篇中,我们了解到 LED 的一个最大的优点就是省电节能,那么使用 LED 灯到底能节省多少电量,我们一起来研究一下!

根据资料,设计实验,比较在相同亮度下单位时间内(1 小时)LED 灯与普通白炽灯、普通节能灯的耗电量。

实验目的：通过实验比较同等条件下 LED 所能节省的电量。

实验原理

实验器材

实验步骤

实验结果

表 C-1   实验数据填写表

亮度 (LUX)	白炽灯			普通节能灯			LED 灯		
	电压 (V)	电流 (A)	耗电量 （度/ 小时）	电压 (V)	电流 (A)	耗电量 （度/ 小时）	电压 (V)	电流 (A)	耗电量 （度/ 小时）

实验结论

根据以上实验所得资料,选取某一场合,如学校教学楼、办公楼、学生宿舍楼等统计灯的使用数量,在同等亮度下计算出如用 LED 灯代替现有灯具可节省的电量。

表 C-2　同等亮度下原有灯具与使用 LED 灯比较可节省电量

选取的场合	使用灯具介绍			可节省的电量(每天)		
	原有灯具种类	数量	平均每天使用时间	使用原有灯具耗电量	使用 LED 灯耗电量	可节省的电量

在你选取的场合,如使用 LED 灯代替原有灯具,一年(以 365 天计)可节省的电量约为＿＿＿＿＿＿＿＿＿。

三、LED DIY 实践篇——动手制作

(一) 焊接

1. 焊接原理

利用热能加速金属原子间的扩散的原理,由于金属原子间的吸引力使金属之间的连接处形成牢固的合金而结合在一起。

2. 焊接准备

焊接需要准备电烙铁(图 C-8)、焊锡丝(图 C-9)、松香(图 C-10)。

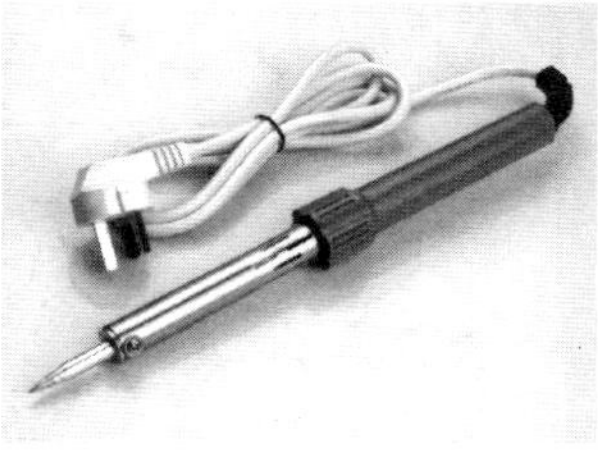

图 C-8　电烙铁

图 C-9　焊锡丝

图 C-10　松香

3. 焊点分析

焊接的要点：控制焊锡用量，控制加热时间。

焊接时用锡量不能过多，也不能过少，正确焊点：牢固，光洁，大小适中，如出现虚焊，可能因为表面有氧化层、不清洁或者印制板铜箔加热不足等原因。

（二）LED DIY 实例——手机锂电版小夜灯

1. 确定电源方案

家里的旧手机闲置后，手机电池、手机充电器也"退休"了。我们可以用手机电池或手机充电器为 LED 灯珠提供电力。

2. 计算相应参数，画出简单电路图

一般来讲，锂电池电压为 3.7 V，手机充电器的电压为 4.2 V，根据情况计算出相应的电阻。我们还是以连接一个 3 V、20 mA 的 LED 灯珠为例，如图 C-11，可以计算得到 $R=(3.7-1\times2)/0.02=85\ \Omega$。实际取值 100 Ω，电流 $I=(3.7-2)/100=0.017\ A=17\ mA$，当限流电阻取 100 Ω 时，也可以直接使用 4.2 V 当电源，此时电流 22 mA，未超出 30 mA，在可承受范围内。

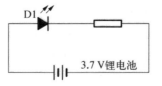

图 C-11　电路示意图

D1

3.7 V锂电池

3. 准备材料

该实验需要准备的材料有：LED 灯、限流电阻 100 Ω 1 只、白光 LED 灯珠 1 只、手机电池或充电器一个。

4. 动手制作（略）

四、LED DIY 创意篇——创新设计

（一）功能扩展

利用光敏电阻等电子元器件搭建电路，使你的 LED 灯根据环境变化自动亮灭。

使用单片机对 LED 灯进行智能控制。

示范：如图 C-12，将单片机与二极管相连：

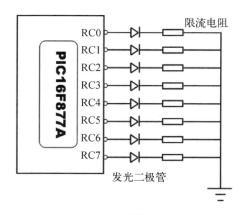

图 C-12   连接示意图

发光二极管相应的单片机引脚输出高电平，则点亮发光二极管，输出低电平，则熄灭。单片机端口 C 有 8 个引脚。每个引脚对应一个二进制数中的位。

可见，我们只要向单片机端口寄存器输送八位二进制数，就可以

控制与其相连接的 8 个发光二极管点亮和熄灭。

（二）材料扩展

收集一些报废的材料，如用 USB、鼠标等进行改装。

（三）外观扩展

用 CAXA 等软件进行外观设计，进行美化加工，增强其实用性及美观性。

根据自己的设计以及实际需要修改连接方式，如图 C－13 所示。

图 C－13　连接实物图

五、LED DIY 成果篇——展示与评价

每组成员介绍活动过程，展示活动成果。

每位同学对自己在整个实践项目的表现进行自评、互评，最后由教师进行师评。

第五章　从学生案例看课程价值

　　教育的出发点，是学生，是让学生学到东西，让学生学到尽可能多的东西，让学生学到尽可能多重要的东西！课程的价值在于为学习者提供真正有助于个性解放和成长的经验，让他们获得更多更重要的东西。对学生成长经验的判断不能仅仅依赖考试，更需要的是一种个性化的分析，让每个人能够发现自己成长过程中的独特之处，从而不断地调整、提升自己。这就需要教师在课程的实践过程中长时间地关注学生，关注学生的变化，关注学生的成长。我们用教师日记、学生日志等方式记录学生的成长过程，反思课程的价值。

第一节　教　师　日　记

　　新时代背景下，创新型人才的培养非常重要，各种丰富精彩的比赛活动，如上海市青少年机器人知识与实践比赛、全国中小学电脑制作活动的机器人竞赛、上海市未来工程师大赛等赛事为学生搭建了展示个人风采的舞台，在比赛的任务驱动下，学生进一步磨炼他们的钻研精神、问题意识、协作能力与表达素养，逐步树立精益求精、不断求索的工匠精神。

国际青少年机器人世界杯比赛(Robo Cup Junior,简称 RCJ)是世界范围内最具吸引力的通过组织机器人比赛之一。从 2006 年 8 月开始,RCJ 中国委员会每年举办一次中国赛区选拔赛,通过比赛选拔优秀青少年代表中国参加国际比赛。

该比赛包括机器人舞蹈、机器人救援、机器人足球等项目,其中机器人舞蹈项目(Robo Cup Junior On Stage)涵盖机器人设计、构建(包括传感器和传动装置)和编程技术,参赛队伍由队员自己构思、制造并编程的自助机器人进行舞台表演,形式可以是舞蹈、讲故事、戏剧或艺术装置,目标是在一至两分钟的机器人表演中,机器人能够吸引观众。整个表演完全开放,鼓励参赛队伍尽可能设计出有创造性、创新性、有趣的机器人和舞台表演。

这个项目刺激又新颖,可以激发学生的学习兴趣、使学生的学习深入展开。2013 年 9 月,当时刚入学的高一学生跃跃欲试,三个学生组了一个队,我全程参与其中,用日记记录了活动过程中的点点滴滴。

10 月 3 日

小长假,学生迫不及待地要求"开工"了。约了八点,七点三十左右都到齐了,大家精神抖擞,信心满满。

活动的第一步是确定项目,我们到底要设计一个什么样的舞蹈机器人呢? 同学们各抒己见,他们的"方案之争"让我见识了高中生的脑洞大开。

舞蹈派让机器人从跳探戈、伦巴到广场舞;剧情派则设想让机器人表演戏剧,从模拟历史剧"荆轲刺秦王"到现代校园剧,还有抽象派和不知所云派。同学们不断切换着不同的频道,越说越起劲,静谧的校园因为我们的到来一下子热闹非凡。

他们想着如何标新立异,如何吸人眼球,唯独忘了如何实现。

一个多小时过去了,看着思维越来越活跃、越来越想入非非的同学们,我打断了他们,要求他们对提出的项目进行可行性分析,想象一下关键动作,看能否设计机器人进行模拟。

如果说前一个小时学生越聊越兴奋,那么在接下去的一个小时,学生越聊越沮丧,他们发现之前提出的每个项目都有不可实现的难点,挨个否定了之前的所有项目,学生们似乎认清了现实,从"什么都能做"跳跃到了"什么都做不了"。

我拟了一张表格,让每个学生从前期方案中选取一个进行优化,找出该项目的创新点、亮点、技术难点。

表 5-1　方案分析表

你的项目是	
项目设想	
技术的创新点	
场景的亮点	
实现难点	

一番讨论后,他们结合表格中的亮点和创新点,确定了"舞狮机器人"这一主题,尝试将中国的传统文化结合现代的控制技术,将舞狮搬上舞台! 大家进行了项目规划,画出了结构草图。

10 月 4 日

项目确定了,今天着手硬件设计,学生们的雄心壮志:今天把硬件搭建完成!

他们认为搭只狮子很简单:需要有动作的关节是四条腿和一个

头,每个关节一个舵机不就行了,so easy!

我阻止了他们进一步安装的举动,拿出一个舵机和舵机测试仪,让大家分析一下狮子头部的几个动作,尝试用一个舵机模拟动作。他们忽然发现,一个舵机根本无法完成头部动作,要完成抬头、转头动作,最起码两个舵机,要动作精细,甚至要加上三个舵机,不仅如此,舵机安装的位置都需要仔细测量。

同时,他们也发现了四个舵机四条腿方案的不可行性,不能完成狮子的移动动作。

原来,这个设计制作根本就没有想象中那么容易。

那怎么办呢?

他们开始了又一次的讨论。在这次的讨论中我欣喜地看到,他们再也不想当然,再也不想入非非了。他们开始画草图,开始做模拟实验,一番尝试后,比较了头部和腿部动作,他们认为头部动作要求更精细,这样才能表现舞狮的场景,于是,他们决定简化腿部动作,使用电机移动的方式模拟狮子的身体移动,把精细动作放在头部位置。

接下去,狮子到底多大? 显然大家不想做得太小,在舞台上效果不明显,那么设计一个大狮子,相应的舵机、电机应该怎么选? 舵机扭矩多大? 电机扭矩多大? 转速多少? 另外电压、电流多大……似乎问题越来越多了。

找器材、查看技术文档,这个不行,那个不匹配,如此,忙忙碌碌,反复修改,一天的时间连个轮廓都没搭建起来,大家再也乐观不起来了。

这一天,我并没有如愿地看到学生们的研究渐入佳境,但我欣喜地看到他们讨论时设计的一张机器人制作讨论表(表 5 - 2),他们不再盲目地想到什么是什么,而是模仿昨天的表格开始有计划地实践,有一点点"做研究"的样子了。

表 5‒2　机器人(狮子)制作讨论表

	参　数	优　缺　点
尺寸		
数量		
舵机选用		
电机选用		
控制方法		

10 月 5 日

经过两天的折腾,学生们似乎有点颓丧,今天的制作还是在不断的确定—推翻—确定之中进行,譬如制作板材从一开始用美观的亚克力板改为了薄木板,底座从四轮改成三轮等。无数次的争论与返工,似乎没有一项内容是一气呵成完成的,如同波浪,起起伏伏,所幸,这股浪一直往前行进,同学们反而越挫越勇了。

图 5‒1　学生制作照片

图 5‒2　学生制作照片

10 月 6 日

选购的电机驱动板已经到货。学生们一起仔细看了参数及资料后，了解到该板使用 PWM 调速，我们所使用的 PIC16F877A 单片机有 6 个硬件 PWM 口，足够使用，所以我们直接使用 PWM 指令来控制电机。

学生们颇有经验地提出先做实验再安装。使用示波器观察波形，我们发现了一个问题，当 PWM 指令执行完后，端口是默认置高，这不符合使用要求，我们在尝试了多种语句后，终于发现，使用 low 语句可以将端口再次持续置低。由于我们要同时驱动两路电机以不同的速度工作，需要同时输出两个 PWM，但是单片机每次只能向一个端口输出 PWM……各种尝试后，总算完成了电机的测试！

10 月 7 日

机器人板材件已经全部雕刻完毕了，今天计划进行分工组装。

按照计划，组装流程为：安装狮身部分—安装底盘（包括电机）—安装腿部—安装头部。

然而，实际安装并没有想象中的顺利。

安装底盘时，学生们发现一层板材依靠铜柱固定并不稳固，于是另外裁了板子垫入空隙以加强强度（如图 5-3）。

机器人头部环节安装比较方便，但发现并不符合狮子的比例，已记下留待下次改进。

头部舵机比较多，安装完后发现重心不稳，电池和控制板重新修改安装位置。

由于底盘电机已经先行安装，安装头部舵机的自攻螺丝时增加了不少难度，安装顺序可以优化调整。

……

虽然组装过程中问题不断，但是修修补补的第一代产品总算面世了（如图 5-4）！

图 5-3　加固的底盘　　　　图 5-4　第一代狮子机器人

11 月 20 日

经过一个多月的努力，作品总算初现雏形，同学们说，这是工艺精良的第 n 代产品，图 5-5 是狮子硬件结构成品图，图 5-6 是狮子道具成品图，为了舞台效果，在狮身道具上焊接了一圈 LED 灯，图 5-7 是舞狮机器人整体成品图。

为了达到同学们心目中的工艺精良，这一个多月以来，我和同学们除了上课外就是泡在实验室，整个制作过程在顺利与不顺利之间交错。有时我认为一两个小时就能完成，结果问题频出，一两天都不见成效；有时我认为难啃的骨头，学生却快速解决了，给我莫名的惊喜……虽然学生没有直接表达，但从他们的表情和时而兴奋时而颓丧的语气中我也能感受到他们的心情起伏。在这个起起伏伏中，我感受到了学生的变化。

刚开始时学生经常显得手足无措，不知从何下手，习惯性地问"这个怎么做？""那个怎么实现？"他们期待老师能直接告诉他们答案，或者手把手教会他们。我引导学生去细化、分解问题：软件方面如何实现？硬件方面如何设计？然后分门别类地给学生提供资料参考，跟学生一起分析，找到解决方案。相较"投食"的传统教育，这样的实践过程把学习的主动权交给了学生，久而久之，学生逐步养成了碰到问题自己思考、互相讨论的习惯。

　　在这一过程中,学生遇到很多问题,教师也要面对层出不穷的、各种稀奇古怪的问题,教师需要为学生提供学习的支架,支撑他们一步步往前走,同时也要鼓励学生独立思考、主动探索,形成自己解决问题的方案,培养思维的连续性与主动性。

　　图5-9、图5-10、图5-11、图5-12记录了学生的设计制作过程。

图5-5　狮子硬件结构成品图　　　　　图5-6　道具成品图

图5-7　舞狮机器人整体成品图　　　　图5-8　控制板连接

图 5 - 9 道具设计

图 5 - 10 硬件焊接

图 5 - 11 硬件组装

图 5 - 12 讨论设计

11 月 30 日

硬件结构搭建基本完成,同学们开始进行动作的编排,经过这段时间的训练,他们已经能够轻车熟路地有计划地开展活动,他们制作了一张机器人表演设计分工表(见表 5 - 3)。

表 5 - 3 机器人表演设计分工表

任 务	负责人	问题与改进
音乐选择		
音乐编辑(要点:时长)		
舞台布景		
队员表演(与机器人的互动)		

经过讨论分析,他们详细列出了舞狮机器人动作列表(见表5-4)。

表5-4　舞狮机器人动作列表

时 间 点	部 件	动 作 描 述
0:00～0:13	头部	舵机由低头到抬起
0:13～0:31	腿部	四足轮流向前运动
0:31～0:40	腿部	四足轮流抬起
0:40～0:47	头部	点头四次
0:47～0:55	腿部	前两足弯曲伸直两次
0:55～1:01	头部腿部	头部向下,后足弯曲,身体向后仰,作站立状
1:01～1:10	腿部	前两足向两边平举,向内弯曲,再展开
1:10～1:18	腿部	前两足向上微举,再放下
1:18～1:33	腿部头部	前两足轮流抬起放下,头部随两足抬起低下
1:33～1:40	腿部	后两足作蹲下站起动作两次
1:40～1:48	腿部	前两足举起展开
1:48～2:00	腿部	前两足慢慢向上举起并向内弯曲
2:00～2:03	腿部	后足直起,前足平举,身体向前趴下

当然,第一稿的动作并不完善,但学生们的研究已"渐入佳境"!

12月8日

这一周,又是一如既往地继续泡在实验室里:机器人动作的修改与完善、舞台背景的设计、舞台动作的编排……学生们经历了前期各种被打击的"颓丧"后,这一周遇到的问题已经不是问题了,他们知道如何寻找解决问题的途径、如何解决问题,颇有点扬眉吐气的感觉。

随着舞台背景(图5-13)和宣传海报(图5-14)的完成,舞狮机器人项目宣告完成。

图 5-13　舞台背景

图 5-14　宣传海报

12 月 10 日

项目完成,今天同学们在做整理收尾工作,A 跑过来颇为得意地交给我一份文件,再三强调这是建立在他们"血泪"基础上的总结资料,给以后的学弟学妹们参考,让他们少走弯路。

我一看,文件里记录了他们这段时间经历的"典型"失败案例,并给出了建议。

1. 一定要画图纸,标注各舵机和电机连接的单片机端口,在舵机电机上编号做标记,不然编程晕死你(如果你有一个超强记忆的大脑另当别论)。

2. 一定用简易材料(硬纸板都可以)做个模型,千万别追求完美、一步登天,附归纳的结构材料优缺点比较。

材料	优　　点	缺　　点
木材	价格较低,易于获得易于加工。	不如塑料或者金属强度大;受潮容易变形。
塑料	耐用,强度大,容易获得。	遇高温会熔化或下陷;受到冲击可能会碎裂;性能较好的塑材比较昂贵。
金属	推荐金属中的铝材,强度高,稳定性强,方便形成不同的形状。	制作过程需要电动工具以及锋利的锯条和钻头才能完成,难以加工;材料比较重;价格比较高。

3. 制作时参照流程有条理地工作,不然东一榔头西一棒子浪费时间。

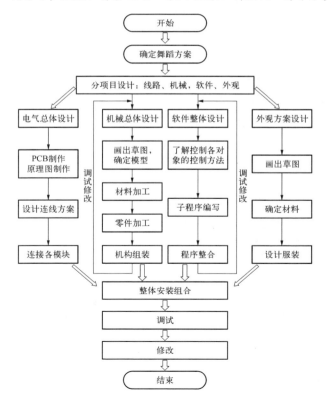

4. 编排动作不难,难的是根据音乐确定动作。

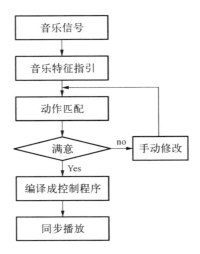

5. 舵机选择注意点:首先注意扭矩,其次注意选用数字舵机,最后舵机有正向舵机和反向舵机,如果你要做两个手臂两条腿之类的结构,对称的地方分别安装正向舵机和反向舵机,相信我,会为你的编程调试带来莫大的方便。

看到这份文件,真的是非常欣喜,一直以为在设计制作过程中我"千方百计""苦口婆心",学生都表现得"嘻嘻哈哈""大大咧咧",未曾想在学生也在认真思考,通过这段时间的研究,他们知道重点是什么、难点在哪儿,都做了记录并反思与总结,难能可贵。

12 月 11 日

学生完成了舞狮机器人的项目总结书。

创意来源:

起源于三国时期的舞狮是我国优秀

的民间艺术。狮子雄伟俊武,作为百兽之尊给人以威严、勇猛之感。古人认为狮子能驱邪镇妖、保佑平安,将它当作勇敢和力量的象征,所以每逢元宵佳节或集会庆典,民间都以狮舞前来助兴,以祈望生活吉祥如意,事事平安。

人们喜欢看舞狮,喜欢看表演者装扮成狮子的样子,配合锣鼓音乐作出狮子的各种形态动作,这样的情景喜庆而欢乐!当我们要策划制作一个机器人舞蹈时,我们设想能否让机器人模仿舞狮,将舞狮这种民间艺术搬上机器人的舞台,由此来弘扬中华民族的传统文化,表达我们对祖国的热爱之情。

项目创新点:

选材环保,就地取材,狮子的整体是由木板手工切割组装的。狮子的"外衣"以及打鼓的鼓架没有从网上购买,都是从家里的玩具中挑选的。

使用工具:

地灰传感器感知到引导线条,PWM 进行机器人运转速度控制。

实施过程:

制作的过程是辛苦的。

选定背景音乐后,我们便开始进行机器人的制作组装和程序代码的编写工作,先用 Goldwave 对音乐进行解析,确定每一个时间点上应做的动作,列在一张表格上。随后,自己根据所做的机器人的规格,用各种工具制作机器人的零件,并进行拼装。同时,要根据列好的表格编写程序代码。

在两者都接近完成时,开始进行机器人的程序调试工作。调试这项工作无疑是辛苦而单调的,但是它不能阻挡我们对机器人的热爱。我们碰到了许许多多的困难,但是,在不断探索之下,它们都被我们一一克服了。经过一遍又一遍的调试后,终于,我们达到了自己想要的效果。

功能介绍和工作原理如下。

实现的功能	运用的技术
控制较多的电机(7 个)	使用自己制作的程序进行编译
狮子摆头和跳舞的节奏以及小人打鼓的节奏	使用单片机控制以及 VB 程序进行编译
启动机器人	利用红外线传输信息

这个项目参加了 RoboCup 青少年世界杯中国赛区上海地区选拔赛并获亚军,后来又代表上海赛区参加 2013RoboCup Junior 中国赛并获一等奖(如图 5 - 15)。

图 5 - 15 获奖照片

学生感悟

这次全国赛拓宽了我们的视野,让我们有机会与全国各地的学校互相交流学习，在比赛的良性竞争中共同成长。而我们也收获了许多十分宝贵的实战经验，也因此而变得更为团结、更有凝聚力。这期间少不了每一位成员的辛苦付出：硬件、软件、剧本、美工、日志等等，对整场舞蹈比赛都至关重要。前期准备十分的重要，现场的发挥也是如此。这对我们的心理素质其实也是一种极大的考验：我们需要冷静地面对现场联赛题，在一小时内完成这项任务。在大家的分工合作与交流之下，最终顺利地完成了任务。最后的最后，我想说，我相信努力终不会被辜负。

——机器人舞蹈项目×××

对于我来说，每一次比赛都有难能可贵的价值。此次参加 RCJ 中国赛舞蹈项目获得了一等奖，同时也让我收获了一次非凡的经历。

我认为机器人比赛永远都不乏创新性与竞争性这两点。在此次比赛中，我们见识到了来自全国各地的许多创新设计。在联队赛环节，面对实力未知的联队队友和对手，我们拼尽自己的全力，连夜准备，在现场的编程中，我们团队每个人都发挥了自己的力量。在赛场上，遇到突发状况，我们群策群力，积极应对，讨论出两套应对方案，最终顺利解决问题。

总而言之，此次 RCJ 中国赛令我收获颇丰，非常感谢学校能给我们这一次难得的机会，也感谢严老师的悉心指导。

——机器人舞蹈项目×××

我们的队伍有着专业的程序员×××，优秀的剧情手以及做着组织作用的×××，我也尽量融入这支队伍希望能作出一点贡献，我想我应该是个尽职的硬件搭建和外形设计师吧。

三个多月的奋战让我难忘，让我刻骨铭心的是那一次次的"挑灯夜战"。那时临近比赛时间紧迫,我也记不清有多少个夜晚,在繁重的课业之余整个团队仍然坚守在实验室忙活到深夜,同时顶着学业与比赛的双重压力,才制作出了凝聚我们所有劳动精华的成品。

分工合作,取长补短,奋力拼搏,发现我们的优势,做最好的自己,这是我最大的收获。

——机器人舞蹈项目×××

教师感悟:

从设想到图纸到成品,绝对是个艰难的过程,从踌躇满志到垂头丧气到意气风发,这也是一个跌宕起伏的过程。

美国哈佛大学教育研究所的霍华德·加德纳教授认为:"一个人获取和积累知识的最佳途径是全身心投入一项活动中,主动去问、去想、去寻找问题的答案。"科学家和教育学家的研究发现,如果一个有趣的问题能够挑战孩子解决困难的极限,那么孩子很容易就会进入最佳学习状态。如果孩子置身于自己喜欢的活动中,而需要解决问题的难度又正好符合他目前的知识水平,那么学习就会像呼吸一样自然,他们根本不会意识到自己正在学习。在舞狮项目设计的这个过程中,孩子们进入了这样一个最佳学习状态。

通过这样的活动,学生们懂得了工程设计是个复杂的过程,创新的脚步必须扎实地站在知识和研究基础上。学生们学会了如何面对复杂的挑战,能够预计他们如何影响问题解决,探讨并产生想法,权衡并考虑竞争价值从而选出最佳解决措施。

在这个过程中,我也感受到了科学思维因生长而美好,因探索而灵动,因开放而升华。

第二节　学 生 日 志

查看自己的日记，我觉得是件很有意思的事情，活动过程、产生的问题一目了然，我经常会复盘自己的日记，提醒学生如何避免可能会出现的问题，然而我也思考：这样的"复盘"和"问题解决"不是更应该交给学生自己完成吗？

学生如果仅仅通过观察、记忆等浅层的思维活动来反思实践过程，往往会缺失分析、矫正等有深度的思维活动，从而导致学生难以提炼和分析问题，于是，我建议学生记日志，记录团队创意、设计草图、制作和调试的过程，记录团队会议讨论、设计变化，记录队员们的快乐与喜悦、挫折与改进，日志记录不需要完美，但需要真实。

对于这个增加出来的负担，学生初时明显是不明所以，甚至还有点小小的抗拒，"写这个干吗""为什么要记录"，"迫于"老师的"威严"，他们嘻嘻哈哈地产生了第一张草图（图5-16），看着这么草率的设计图，这么显然的错别字（电机写成了"电击"，舵机写成了"舵击"），我有点哭笑不得，虽说日志不需要完美，也可以有写错的词，有涂改的画，但这样的日志也太不走心了！

于是，围绕这张图我跟学生进行了一次严肃的讨论。首先，科学工作容不得半点的懈怠和马虎，项目实践活动需要大家认真、严谨的态度，以上这份记录非常真实地呈现了大家对这个项目的态度。其次，日志到底有什么用？我给学生看了我的工作日记，告诉他们我从工作日记中得到的收获，给学生看了学长们留下的建议与反思，这些可以帮助我们在制作过程中少走弯路。最后，我给学生提供了一个日志模板（表5-5），提示学生记录的关键点。

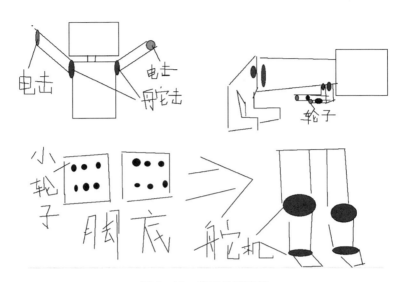

图 5-16 草率的"草图"

表 5-5 日志模板

活动时间：	本次活动记录者：
主要活动内容：	

续　表

活动过程：（重点记录活动中的困难及解决方案）
本次活动反思与自我评价：

学生们收敛了嘻嘻哈哈的散漫态度，开始了他们的项目设计之旅。图 5-17 至图 5-27 是学生在实践过程中的部分日志，展示了他们在项目设计、制作、修改中的点点滴滴。

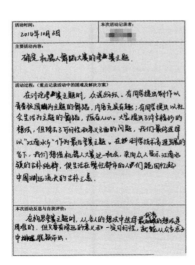

图 5-17　学生日志之一

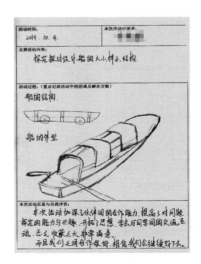

图 5-18　学生日志之二

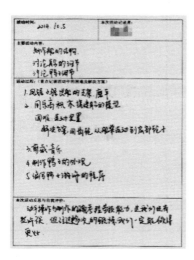

图 5－19　学生日志之三

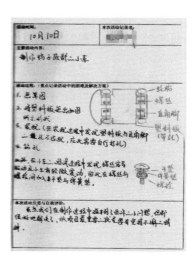

图 5－20　学生日志之四

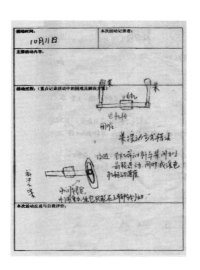

图 5－21　学生日志之五

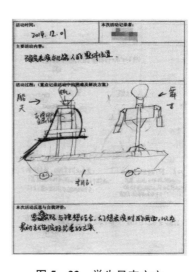

图 5－22　学生日志之六

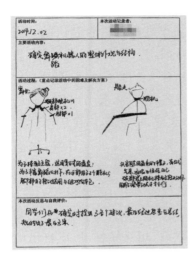

图 5－23　学生日志之七

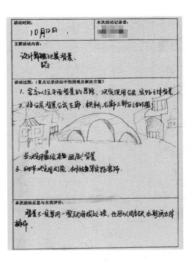

图 5－24　学生日志之八

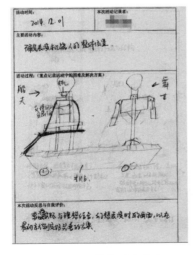

图 5－25　学生日志之九

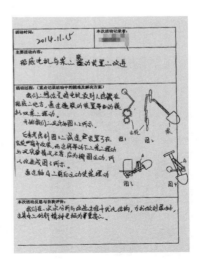

图 5－26　学生日志之十

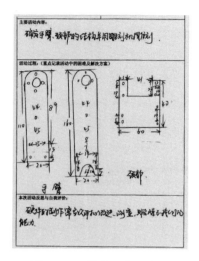

图 5‐27　学生日志之十一

从学生日志中我们可以看到,他们的制作过程是跌宕起伏的。当他们失败时,我没再像以前一样,告诉学生用什么方法更便捷,而是让他们去找寻各种资料,参考以往学长的作品,多观察,多思考。在活动实施过程中,争议之处,求同存异,困惑之处,加以点拨,偏差之处,予以纠正,高明之处,肯定推广,鼓励和引导学生用自己的眼睛观察世界,将已有的知识相互联系,相互转换,形成自己的知识,最终运用自己的知识来解决问题。

这是一个真正的教师目标导向、学生自主管理、自由生长的过程。

这个项目参加了 2015RoboCup 青少年世界杯中国公开赛,获青少年组一等奖。

图 5‐28　成品图

图 5‐29　参赛照片

学生感悟

编写调试的冲刺阶段,每天都是忙到十一二点才回家。我们遇到了很多难题,设计得好好的动作往往不能实现,硬件问题、线路问题、程序问题……一点点排查,一次次的困难磨炼着我们的意志,但我们没有一个人有怨言,正是这种不怕苦不怕累不言放弃的精神支撑着我们,最终在共同努力下难关被一一攻克,这也让我认识到每个人的重要性,认识到了团队的力量。

——A 同学

历经几十天的设计开发,我们的作品最终完成。此刻荡漾在我们心中的,不仅是喜悦,更是一种由内心喷薄而出的成就感。

这不仅是一个活动,更是对我们每个成员的考验和磨炼,流下过汗水和泪水,但我们始终没有灰心,没有放弃,无怨无悔,总是以饱满的热情投入到每一次活动。

这不仅是一个活动,更是我们青葱岁月终难忘的精彩,收获过笑声和快乐,出其不意的峰回路转,埋头苦干成功后的跳跃欢呼,每一次并肩奋战都是最美好的回忆。

比赛是否得奖并不是最重要的,重要的是为了共同的目标,我们持续奋斗的这段旅程。

——B 同学

对于我来说,这是一个学习的过程。

一是学习技术技巧,我们一开始面对陌生的各种器材、软件都有些茫然不知所措,但是在这么多天的历练之下,我们已经对这些工具滚瓜烂熟,操作起来得心应手。

二则是心态上的练习。老实说,我们遇到了许多困难,开发过程中我们也曾有过消极,有过不和,有过争吵,甚至一度想放弃……但是我们都挺了过来。

有一句谚语叫"有志者事竟成",我们坚信这一点,同时也相信自己能做到。我们体会到了团队合作的重要性,整个过程中我们分工明确,缺一不可。雷锋说过,一滴水漂不起纸片,大海上能航行轮船和军舰;一棵孤树不顶用,一片树林挡狂风,这就是团队精神重要性之所在。

通过这次 RCJ 比赛,我们收获了很多,得到了很多,感谢我们所有组员的努力。

——C 同学

教师感悟:

这一次的活动指导让我印象深刻的是学生对日志从不明所以、不置可否到乐在其中的态度转变,项目结束后,学生抢着保管日志,开展新的项目后,他们还会去翻阅日志,反思、借鉴当初的设计思路。

日志是学生的科学研究流程技能与研究式学习能力发展过程的记录,这是具有驱动力的"活动记录"。

创建日志可以培养学生项目规划的意识,为学生自主制定项目计划积累经验。在项目推进的过程中,学生意识到除了被动地跟着教师的项目进程来学习,也可以制定自己的项目进度计划或者团队项目推进计划,他们通过团队日志来呈现项目的进程,并通过日志对过程进行监控。

每个日志都是一部不断改正和发展的作品,通过记录日志这样一个过程性任务,学生将依托真实情境解决问题的思维过程可视化,这个过程帮助学生进一步建构、发展自身的探究能力,同时也为学生自己和同伴的探究提供支架和工具。学生还可以通过阅读日志反思自己的活动过程,进行自我评价,推动他们成为积极的自我评价者,让学生感觉到评价并不是对他们的一种检测,而是一种自然而然的学习过程。

可见,日志贯穿于每个活动环节,在每个环节都能积极助推学生的成长。

第三节　照片中的故事

十余年来,跟学生一起创作,一起实践,一起比赛,期间会用照片记录下学生活动过程中的点滴,每一张照片背后都有一个故事,都是学生成长中的一段经历。

一、从不拘小节到严谨负责

这是学生在赛场上整理工具箱,收拾整理活动区的照片,看到他们认真细致的神情,绝对想象不到他们刚刚选修"嵌入式控制"课程时"不拘一格"的样子。

图 5-30　整理工具箱

图 5-31　清理活动区

小 L 同学，性格开朗，对制作安装有着浓厚的兴趣，喜欢摆弄各种设备和器件，可有一个小毛病，就是用完了从来不收拾，每次课程结束即便盯着他收拾，也经常会丢三落四。后来，我给他单独的一整套工具与器材，叮嘱说：自己整理好自己的东西，找不到自己解决。虽然有所好转，但他也并不上心，因为每次都能在热心的同学帮助下找齐东西，然后嘻嘻哈哈地跟我说："老师，我认为，做大事者要不拘小节。"

上海市机器人大赛很快到来，在准备第二天的比赛器材时，我在旁边提醒了他三次"仔细检查，看看有没有忘记什么"，第一次，他拿上了充电器，第二次拿上了螺丝刀，第三次，他说："老师，你放心，即便忘带器材我也能临场发挥。"

比赛项目对于他来说并不难。我看他志在必得地进入赛场，第一场出来时也是洋洋得意，不禁再次提醒，你看看第二场比赛器材齐全吗？他回答："没问题！"但第二场出来时他垂头丧气，显然赛场失利，原来第一场比赛打完电池耗得差不多了，他没有及时充电，也没有备用电池，结果可想而知。

看着他颓丧的样子，我肯定了他的能力，并鼓励他带领一个小组参与下一次活动。很快，丰富的活动又让他恢复了斗志，他投入了很大的热情去积极研究，要在下一次的比赛中"一洗前耻"，而最大的变化是，他再也不叫着说要"不拘小节"了，还会拿着自己所谓的"血泪史"告诉同学，器材准备齐全很重要。

在又一次比赛前夕，我看到了他准备的两份文件，第一份是写给组员的小纸条，上面列出了所需完成的任务(图 5－32)。

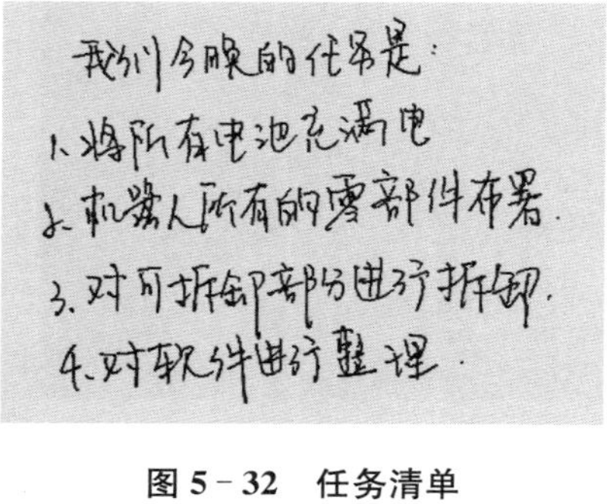
我们今晚的任务是：
1. 将所有电池充满电
2. 机器人所有的零部件布署.
3. 对可拆卸部分进行拆卸.
4. 对软件进行整理.

图 5－32　任务清单

第二份是他为应对临场突发状况准备的材料清单(图 5‐33)。这份清单认真细致地对各种易耗易损物品进行备份,并列出要携带的工具以及备件。

易耗品			易损品备件			工　具		
序	品　　名	检查	序	品　　名	检查	序	品　　名	检查
1	电池		1	大舵机(2 种)		1	充电器(B6/B3 等)	
2	红黑黄三色线		2	小舵机		2	套筒	
3	杜邦头		3	舵机延长线		3	螺丝刀(+/−/六角)	
4	压线接头		4	亚克力板		4	游标卡尺	
5	热缩管		5	小人铝摇臂		5	刻刀/锉刀/魔术锯	
6	T 插(带线)		6	控制板(带程序)		6	热胶枪	
7	杜邦线(1/2/3)		7	驱动板		7	万用表	
8	螺丝(垫圈等)		8	LED		8	手电钻(及钻头)	
9	铜(尼龙)柱		9	漆包线		9	电烙铁	
10	扎带					10	压头钳(杜邦/压线)	
11	热胶棒					11	剥线钳	
12	胶王					1	笔记本(Xp/Win7)	
13	焊锡丝/助焊剂					2	编译器	
						3	下载线	

图 5‐33　材料清单

这两个文件让我看到,小 L 从一个"小马虎"到严谨负责的团队领队的巨大转变。

教师经常面临这样的问题,看到学生并不美好的行为习惯,教师会苦口婆心地反复教育,但往往收效甚微,尤其是高中阶段的学生,他们有自己的想法,面对老师的反复唠叨并不领情,有时还会觉得你是小题大做了。

那么,怎样培养学生的行为习惯? 我想教师除了提醒、教育外,不妨让学生碰到点问题、遭遇点挫折,他们撞了南墙自然会反省、会回头。就像孩子学走路时一样,我们会仔细观察他何时将会摔倒,会提醒他要小心,在最需要的时候伸一把手,但是始终拉着他的小手,他是不能学会走路。所以,在活动过程中,我们有提醒和示范,当学生遭遇挫折时,也要及时鼓励,给他创造重拾自信的机会。

每一次困难,每一次挫折,都是学生学习的机会,给学生遇到困难和挫折的机会,学生才能学到更多,成长更快。

二、爱国情怀的培养

陌生的环境,陌生的赛制,设备运输途中发生了故障,紧急维修,团队成员身体不适,临时补位……2017 年 3 月,我带领学生参加的 FRC 比赛是一场异常艰辛的比赛,可大家都憋着一股劲,咬牙坚持着,最后一场比赛,不负众望,获得全场最高分,学生们欢呼雀跃。

学生们说,那次比赛我比任何一场比赛都渴望打出好成绩,因为,在这样的赛场上,我深刻感受到我是个中国人,我代表中国而战!

图 5 - 34　参加 FRC 比赛

图 5 - 35　2017 年 3 月,学生在美国纽约参加 FRC 比赛

　　学生们说，当我们得到 326 的最高分，当看到五星红旗在屏幕上出现，当听得到中华人民共和国国歌在会场响起，在那个时刻，作为中国人的自豪感油然而生，在以后的学习生活中这样的情感一直激励着我不断地加倍努力。

　　学生从小都知道要爱国，要为祖国争光，为祖国拼搏，但身临其境、置身其中时，这样的感受会更加直接深刻，这样的比赛过程也让学生自觉地将爱国的热情化作努力前行的动力，让学生的爱国情怀得到进一步升华。

三、交流合作能力的锻炼

　　良好的交流沟通能力也是学生必备的素质，我们的课程除了知识学习、技术实践外，还为学生搭建展示交流的平台。每年的学校开放日、集团校展示日、科技文化节……都是社团的孩子大展身手的时候，大家侃侃而谈，介绍课程，介绍自己的作品，介绍这段时间的收获

图 5-36　学生在学校开放日介绍"嵌入式控制"课程

图 5-37　学生拍摄慕课

与感悟。平时看似只会跟机器打交道、只会埋头苦干的孩子们展现了令我刮目相看的另一面，我想他们是有所感、有所悟，才有所谈。

团队合作精神、吃苦耐劳的品质、严谨负责的工匠精神、爱国主义情怀……我们想让学生具备很多的优良品质，那么这些优良品质应该如何培养？我认为这些品质可以在活动中让学生从亲身体验中得到提升，而教师需要做的是聚焦学生生长，将理论融合实践，深入挖掘课程的力量，让课程唤醒学生沉睡的潜能，生科创灵气，培树人土壤，育学子未来。

四、学生的分享

留言一：

在嵌入式控制课程中让我学到的知识，不仅丰富了我高中三年的课余生活，同时也让我接触到了很多大学中实用的技能，更重要的是锻炼了我独立思考并动手实践的能力。

从高中第一次参加"西南位育杯"比赛中的三等奖到 RCJ 机器人世界杯国际赛，我不断学习与机器人有关的知识，我曾作为队长参加西南位育、未来工程师、全国电脑制作大赛等比赛，也曾作为主力队员参与上海市 DI 大赛、2019 年 RCJ 中国赛，在 RCJ 舞蹈组比赛中荣获亚军并前往悉尼赛场与国际友人竞争交流。我认为机器人比赛永远都不缺乏创新性与竞争性，备赛过程中，时间管理以及与人合作的方式决定了我们备赛的充分性；赛场上，我们曾遇到过突发状况，考验我们的临场应变能力，需要我们冷静思考、积极应对并制定方案。

嵌入式控制课程除了为我们提供各类比赛机会，还让我学会了很多课题研究的方法。我在老师指导下完成了"机器人导航系统的设计探究"的课题项目，了解了智能小车如何通过 TOF 摄像头以及

SLAM 算法进行环境推测及路径规划。此后我与队友一起完成了《上海轨道交通 11 号线座椅人原因分析》，结合理论推导与数据测量并利用 Matlab 建模最终给出了分析与建议。

在高中阶段有这样一段青春，即使对于未来的人生也是难能可贵的。你会在比赛过程中认识兴趣相同的人，结交到毕生的挚友；你会学到各种各样的技能，为你未来的选择打下基础；你有机会走向更大的舞台，去拓宽自己的眼界，去认识更新的事物。

学弟学妹们，送给你们我高三时一直激励自己的一句话：掉进水里不会淹死，待在水里你才会淹死。短暂的迷茫和挫败算不了什么，你需积极调整，努力上进，熬过这段努力闭嘴不抱怨的时光，方能破茧成蝶，迎接朝阳！

留言 2：

老师您好，我是×××。今天是 9 月 10 日教师节，祝您节日快乐！遥想去年此时，我因繁重的课业和未知的前途而陷入迷茫。转眼一年已逝，向老师汇报一下近况，我以 gpa 专业第一，毕业设计第一的成绩为大学生活画上了完美句号。在去年此时我放弃了保研的名额，选择申请美国大学。于今年初收获××、××、×× 等学校的录取通知。现决定前往××大学攻读××的学位。在这一年中，我也找到了自己的职业方向，决定未来向二级市场转型，完成工科和金融复合背景的学习。因疫情原因无法前往美国，我近期在××研究所学习。简单地向老师汇报近况，愿老师能够开心快乐，幸福健康！（2020 年 9 月 10 日）

留言 3：

老师好，我是×××。今天是正月初一，恭祝老师新年快乐！距离疫情出现已经一年有余，一年中有许多新的感悟，新的经验和对生活新的理解。我一直在寻找自己未来的方向，但有些事情越想努力做好效果就越糟糕。有时候过多的想法反而带来的是焦虑，是压迫感，我已经意识到并正在聚焦自己的视角，与时间做朋友，逐渐拓展自己的能力圈。同时，我在这一年意识到了我需要进一步加强的三个能力——稳定的情绪、临危不乱豁达大度的胸襟和向下兼容的温柔。最后，我确定了自己的初心，有且只有一条标准，就是自己所产生的价值是否有益于社会的整体繁荣。我将之作为自己投资标的选择的标准以及职业发展的根本，我愿和祖国共同发展。以上就是自己在这一段时间里的部分新想法。回顾过去的几年，自己始终处于迷茫和忙碌这两个状态不断切换和共存的循环中，并通过两者形成周期促使我不断进步。每半年与老师分享这段时间的得失是我十分乐于做的事，最主要是希望老师能够知道您有许多像我这样的学生在您的指导下不断成长，是您成就了我们，再次感恩老师！（2021年2月12日）

留言4：

老师早上好，×××祝您教师节快乐 中秋快乐:)

首先，给您道声抱歉，去年由于人在美国所以未能在节日期间给您问候。

其次，给老师 update 一下最近的状态，我于四月抵沪，参与了××公司的落地及融资工作。……最后，说一说自己的一些想法理解。1.我将持续专注于中国硬科技特别是半导体行业的产业投资工作，为我国实现科技自主化助力，所以目前也在考虑秋招阶段进入相关产业公司进行沉淀和学习，提高自己对相关行业的认知水平，训练自己辨认真伪和把握行业大周期的能力。2.经过上一段工作经历，明白了社会职场和学校的差别，开始思考与同事的相处交流之道。相比于职场老人来说，我确实相对稚嫩，但相信越早明白越能助力未来。

世界那么大，工作那么多，人生那么长，我那么年轻。

祝老师节日快乐！祝老师身体健康，万事如意，家庭幸福！您一辈子的学生（2022 年 9 月 10 日）

留言 5：

老师早上好！新年快乐！×××在这里给您拜年！

向您更新一下近况，我将于年后以培训生的身份入职，未来将负责碳中和产品解决方案设计及大客户销售工作。

如同去年九月时与您阐述过的预想一样，我将进入产业对相关技术进行深入了解与储备，积累相关行业人脉，在×××这个平台正式开启自己的职业生涯。

我一直认为自己是运气很好的人，一路前行始终有良师益友的帮助和陪伴。感谢您在我成长道路上的指引，我现在所获得的一切离不开您的帮助。每一年在教师节和春节时候，我都十分开心能够有机会与您分享我的成长和感悟，最重要的是希望老师能够知道有特别多的学生都因为您获得了攻坚克难的勇气，砥砺前行。

在这里，我向您真挚地道谢。祝您新年快乐，身体健康，事事顺心！！——您一辈子的学生（2023 年 1 月 22 日）

每届学生毕业后回首高中生活都会感慨良多，第一段留言是一位同学毕业后写给学弟学妹的话，五百多字，字字真情，呈现了他三年的活动过程以及他的收获，言辞恳切地给学弟学妹的建议与祝福。第二、三、四、五段是一位多年前的学生给我的短信，毕业后，他会在每年的教师节、春节发来一条短信，分享他的经历和感悟、他的挫折和收获。每个人的成长经历中都有困难和迷茫，在他的字里行间，我读出了他的执着与勇气，不管在任何阶段，他都能保持初心、坚毅、豁达，为祖国发展而奋斗！这些让我很是感慨，深为感动。OECD 组织在《2030 学习指南》中指出，让学生在陌生的环境中自定航向，形成强大的适应能力和变革能力,聚焦创造新价值、协调矛盾困境、承担责任三项能力。这些能力在这些学生身上得到了很好的体现。

一个课程到底能带给学生什么?收获多少?可能很难定量衡量。我们往往愿意追求立竿见影,而忘记了静待花开。当一个课程能让学生印象深刻,能让学生在课程潜移默化的影响熏陶下获得知识积累,获得技术能力,获得前行的力量,给学生的生命留下值得回味的一笔,我想,这应该就是课程的价值所在吧。

第四节　学　生　的　研　究

课程培养要为学生打开多个通向世界的窗户,引导他们全面地观察和认识世界,认识生活,从实际生活中识别、提炼和筛选相关具体信息,针对性地思考并提出问题,针对问题具体性地设计方案并进行研究,学生真实经历发现问题、解决问题的过程,唤醒自我突破、自我实现的意识,提升批判性思维的创新能力。

以下是两个学生研究的项目。

一、关于一款自适应管径巡检机器人的研究

这个项目是施茜同学在高二时进行的一个课题研究。课题来源于生活中一个简单的场景:父母在餐桌上讨论工厂管道检修的工作,她立刻想到能否使用机器人做检修呢?相比传统的人工检修,使用机器人检修更具有灵活性、安全性以及普遍性,还能解决人工检修成本高、效率低的问题,她于是打算设计一款针对工业管道的自动避障管道机器人。在接下去的一年时间内,她利用课余时间查找资料,结合已有的知识背景不断探究,坚持不懈地完成了

这个项目。

　　课程实施必须要注重素养导向，引导学生通过实践活动对头脑中的知识、信息进行新的思维加工组合，产生出有社会价值或个人价值的产品。"嵌入式控制"课程的目标不是让学生掌握某种型号单片机、机器人的开发使用，而是让学生面对真实的社会场景时，能发现问题，依托已有的知识积累去解决问题，并在解决问题过程中收获更多的知识，施茜同学的这个课题的研究过程很好地说明了这个问题。她结合生活中的情境，进行探究思辨，在思考这些问题的过程中，自然而然地将基础性知识与学科的最新发展有机地结合起来，提升了解决问题、深度学习、自主创新和适应未来的能力。

　　课题研究报告详见附录。

二、互动机器人乐队的研究

　　这个是十多年前社团学生的作品，今天看来似乎并不十分具有创新性，可它的研究过程却非常具有典型性和参考性。这个作品并没有局限于"嵌入式控制"课程教学使用的 PIC 型号单片机，而是基于模型搭建以及传感器安装的需要选择使用了 RCX（一种可编程积木）和单片机双控制，同时使用 ROBO LAB、eXe Scope 等软件配合完成了项目研究。

　　我们教的不一定是学生以后要用的，课程要为学生提供学习的平台，更要为学生提供学习的方法，给学生预留足够的自由发展的空间。这个作品的实现得益于我们在教学过程中注重引导学生在掌握知识、技术应用具体方式与方法的同时举一反三，创造性地发现、分析、解决实际问题，从而形成新思想、新观点，实现学习内容基础性与创新性的相互转化。

　　项目实践报告详见附录。

第五节 教 师 反 思

　　小芯片,大智慧。我们在小芯片中探寻大智慧,这是学生的智慧,也是教师的智慧。课程在开发、建构、实施过程中,教师和学生共同学习,知其理、识其法、应其策,这个智慧也是生长的智慧。

一、学生的智慧

　　从学生长远发展角度来思考,能力的养成不是一蹴而就的,而是日积月累、厚积薄发的。围绕小芯片开展的活动为学生提供多种学习途径和学习经历,从激发学生的探索意识和创新意识出发,使学生逐渐从参与创新实践到乐于、勇于创新实践,力求逐步培养学生的创新精神和创新能力。通过课程的学习,学生完成知其理、识其法、应其策的知识意义的建构过程(如图5-38)。

　　知其理:知道嵌入式控制原理,激发悟性思维。

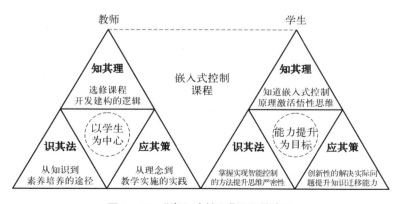

图5-38 "嵌入式控制"课程的意义

识其法：掌握实现智能控制的方法，提升思维严密性。

应其策：创新性地解决实际问题，提升知识迁移能力。

如此，学生真实经历项目学习、问题解决的过程，基础与拓展提高相结合，知识积累与能力锻炼相结合，于实践中学习知识掌握方法，学会应用与迁移，从而提升解决问题的能力。

二、教师的智慧

进行课程开发和实施的研究让教师从课程的消费者转变为创生者，在这个过程中，教师坚持学生立场，坚持系统思维，通过设计和不断构建课程来确保更好地了解课程及其目的，从而进行科学规划，落实素养目标。

知其理：遵循选修课程开发建构的一定方法与逻辑，构造清晰的素养与技能的知识脉络。

识其法：强调解决问题过程中的全局观、设计观和价值观，构建从知识到素养培养的途径。

应其策：课程实施过程中教师上的每一节课、每一个单元都是有思考和策略的，这不仅是对课程知识的思考、课程逻辑的思考，更是对落实核心素养教学目标的思考，这是从理念到教学实施的探索和研究。

阔大而不空疏，踏实而不拘执，我们进行"嵌入式控制"课程的构建和实施的研究，从学校规划、课程设计、教学实施三方面自上而下逐步分化，自下而上不断整合，探寻学生、教师、课程三位一体的智慧，探寻智慧的生长的过程。

一款自适应管径巡检机器人

作者：施茜（嘉定一中 2022 届毕业生）

摘　要：管道运输是工业必不可少的一部分，若其发生破裂会产生极大的危害。因此，本课题基于滚珠丝杠的工作原理，设计并制作了一种通过类似滚珠丝杠的机构来自适应管径进行巡检的机器人。此机构的主要部件构成多个可以联动的三角形结构，而这些三角形结构可以保证机器人在自适应管径时的稳定性和灵活性。同时，在管道直径与机器人直径相似时，本机器人可以通过自身旋转稳定地避过管道内壁附着的障碍物。

与传统管道机器人相比，在平直管道、坡道以及弯道中的试验，本机器人具有在自适应管道方面的优势，其面对各式各样的管道时具有较高的普遍性和灵活性。

关键词：自动适应管径、支撑轮式、管道机器人、巡检机器人

一、绪论

（一）课题来源及其意义

从小，我就喜欢在爸爸妈妈的工厂仓库里乱窜。看着各式各样材料通过管道运输到生产机器中，各类注塑模具就从其中诞生，这感

觉奇妙极了。

　　在我们一家子吃饭的时候,我总能听到爸爸妈妈谈论工厂里的管道有没有坏,还有多久要换新的管道,他们还会一遍又一遍地叮嘱员工换管道时要注意安全。

　　可见所有生产工具中管道的检修、维保和更换频率是最高的。管道对于能源物质或材料的运输在工业中是必不可少的。管道内运输的可能是煤气、天然气、原油或是有毒气体和化学物质,如若管道发生了破裂,那么会产生很大的危险。同时铺设管道的地点多种多样:地下、高空或是墙壁,管径也多种多样。相比传统的人工检修,使用机器人检修具有灵活性、安全性以及普遍性。因为人工检修成本高、效率低,所以我打算设计一款针对工业管道的自动避障巡检机器人。

　　(二)课题相关研究技术的国内外发展现状

　　通过查找资料,我发现,在 20 世纪 40 年代国内外专家就已经对管道机器人展开了研究工作,发展至今研究已经相对成熟。

　　1. 管道机器人国内研究现状

　　管道机器人根据其运动方式分为:伸缩式机器人、履带式机器人、轮式机器人、支撑式机器人和螺旋式机器人。

　　(1)伸缩式机器人

　　谢惠祥等人(2009)对比了几类机器人工作原理,提出了一种基于单向机构推进的采用凸轮自锁原理提供推进力的伸缩式水平井管道机器人[1]如图 D.1-1 所示。

　　徐洪等人(2015)为了提高管道机器人的自适应能力,运用自锁原理设计了一种新型蠕动式管道机器人[2]如图 D.1-2 所示。

　　徐海钦等人(2020)针对管道错综复杂、机器人作业难度大的问题,设计了一款利用特有的伸缩支撑结构能够在水平、竖直和弯管中运行的伸缩支撑式机器人[3]如图 D.1-3 所示。

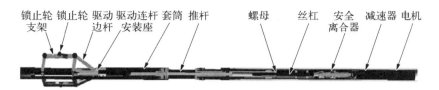

锁止轮　锁止轮　驱动　驱动连杆　套筒　推杆　　螺母　　丝杠　安全　减速器　电机
支架　　　边杆　安装座　　　　　　　　　　　　　　　离合器

图 D.1-1　谢惠祥等人设计机器人总体示意图

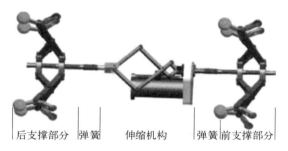

后支撑部分　弹簧　　伸缩机构　　弹簧　前支撑部分

图 D.1-2　徐洪等人设计机器人总体示意图

图 D.1-3　伸缩支撑式机器人总体示意图

（2）履带式机器人

张保真等人（2016）基于升降机式与滚珠丝杠螺母副式变径结构，提出了一种有滚珠丝杠螺母副三角升降式变径机构的履带式管道机器人[4]如图 D.1-4 所示。

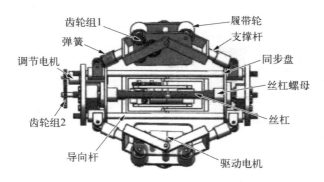

图 D.1-4 张保真等人设计机器人总体示意图

陈潇(2018)针对电站锅炉管道的复杂管道环境,研制了一款以自适应机构和行走机构为主的履带式机器人[5]如图 D.1-5 所示。

图 D.1-5 陈潇设计机器人总体示意图

（3）轮式机器人

王辰忠(2016)以差动机构和自适应变径机构为中心,设计出了采用单个电机进行驱动并同时具备自主差速功能和自适应变径功能的管道机器人[6]如图 D.1-6 所示。

李若松(2019)针对中型管道机器人领域,将螺旋驱动与支撑驱动结合,设计出一种基于并联机构的混合驱动管道机器人[7]如图 D.1-7 所示。

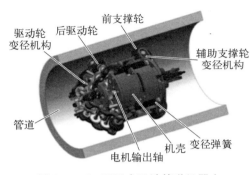

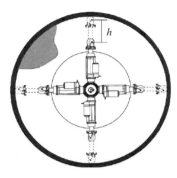

图 D. 1 - 6　王辰忠设计管道机器人
总体示意图

图 D. 1 - 7　李若松设计管道机
器人总体示意图

（4）支撑式机器人

水龙(2013)应用多刚体系统动力学的拉格朗日方法建立了物理
模型，并设计了基于支撑轮式机器人的链式多单元管道机器人[8]如
图 D. 1 - 8 所示。

图 D. 1 - 8　水龙设计机器人总体示意图

徐宝东(2015)选用支撑轮式管道机器人作为设计蓝本，优化设
计了一种用于搭载 CCD 摄像头和电磁超声检测设备的燃气管道机
器人[9]如图 D. 1 - 9 所示。

图 D. 1 - 9　徐宝东设计机器人总体示意图

（5）螺旋式机器人

刘彩霞等人（2014）充分利用螺旋运动方式的优点，设计了一款螺旋轮式微型管道机器人[10]如图 D. 1－10 所示。

刘清友等人（2014）比较了传统被动螺旋与主动螺旋运动方式的不同，得出主动螺旋能提供的牵引力远大于被动螺旋，并设计制作了一种主动螺旋驱动式管道机器人[11]如图 D. 1－11 所示。

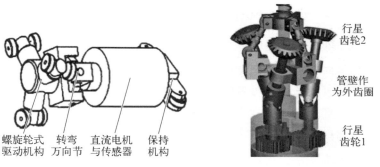

图 D. 1－10 刘彩霞等人设计机器人总体示意图 **图 D. 1－11 刘清友等人设计机器人行走模块示意图**

2. 管道机器人国外研究现状

（1）伸缩式机器人

德国研究人员班拇汉德等人研发了一种多关节蠕动式管道机器人 MAKRO。该机器人由多个驱动单元组成，每个驱动单元都有安有一个驱动电机，使机器人更加灵活，但如此多的驱动电机不仅增大了控制难度，还令机器人机身十分笨重，如图 D. 1－12 所示。

美国 Carnegie Mellon 大学的学者哈根斯坎普夫在美国国家航空和遇到宇宙航行局（NASA）的资助下于 2005 年研制出一种仿生攀爬型管道机器人 EXLORER（见图 D. 1－13）。与 MAKRO 一样，虽然灵活性较高但控制复杂且适应管道范围小，同时价格昂贵。

图 D. 1－12　班拇汉德研发机器人　　图 D. 1－13　哈根斯坎普夫研制机器人

（2）履带式机器人

加拿大 Inuktun Services 公司设计了 Versatrax 履带管道机器人。其通过调节两侧履带的夹角角度来适应管径变化，如图 D.1－14 所示。但是其不能在行走过程中调整角度。

韩国延世大学设计了一种履带式管道机器人 PAPOYS－Ⅱ，如图 D.1－15 所示。由前后两组履带组成，解决了在管径变化过程中履带式管道机器人驱动力突变的问题。

图 D. 1－14　加拿大管道机器人　　图 D. 1－15　韩国延世大学管道机器人

（3）轮式机器人

韩国 Dong-Hyuk Lee 等学者研制了管内检测机器人 MRINSPECT，

如图 D.1-16 所示。主要结构是三组均匀分布的单电机驱动装置，以及中间的弹簧支架自动适应管径装置。

韩国成均馆大学近年来还继续研究了 MRINSPECT V～VII 系列管道机器人的开发如图 D.1-17 所示。该机器人依然选择了单电机驱动，同时利用微型电机驱动器实现 BLDC 电机的驱动与控制。可用于 150～200 mm 的管道。

 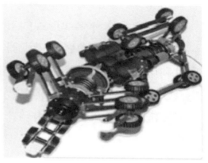

图 D.1-16 韩国管道机器人　　图 D.1-17 韩国成均馆大学管道机器人

（三）本文所解决的问题

综合国内外文献，发现：① 目前的管道机器人智能化程度较低，需有线控制；② 大多数无法在管道内转弯；③ 大多数无法自适应管径；④ 大多数普遍性较低，无法兼顾有坡度的管道；⑤ 在管径与机器人直径较为相似时，无法越过黏附在管道内壁的障碍物。本文针对这五点，设计了一款可以在平行管道内移动并且可以攀爬一定坡度，又能够自适应管径的巡检机器人。

（四）本文主要内容

绪论：写明课题来源及研究意义，对国内外相关文献进行调研，对管道机器人的发展进行综述。

相应原理：对本机器人的相关原理知识进行阐述。

机器搭建：介绍本机器人的结构。

控制系统的设计：介绍本机器人的控制系统。

试验测试：分别对变径、坡度、弯道、壁障等能力进行测试。

结论与展望：对本机器人的现状进行总结，对下一步改造进行展望。

二、相应原理

为了适应多种多样形式的工业管道，我综合考量后，设计出了第一代轮式移动的支撑式管道机器人，如下图 D.2－1 所示。此机器人通过利用了平行四边形的不稳定性，三个平行四边形来适应管道变化，如下图 D.2－2 所示。但是与指导老师以及物理老师讨论后，我发现该机器人无法在管道内转弯，并且无法越过管道内壁黏附的障碍物。

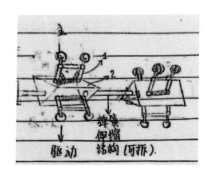
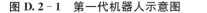

图 D.2－1　第一代机器人示意图

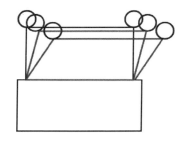

图 D.2－2　第一代机器人变径示意图

于是，我继续思考，设计出了第二代机器人，如图 D.2－3 所示。二代机器人依然选择轮式移动的支撑式管道机器人，但将原本的三角支撑更改为两点支撑，将原本的平行四边形变径部分更替为主要部件构成多个可以联动的三角形结构与类似滚珠丝杠结构的变径部分,如图 D.2-4 所示,阴影部分为弹簧,并将舵机与电机安置在同一连接件上。如此,可使机器人在管道内过弯,并且在管径远大于机器人直径时,仅使用下半部分两个驱动部分就可以行驶与转弯。在管道内壁附着障碍物时,机器人可以通过自身旋转避障。相较一代机器人,它外形更美观,普遍性也更强。

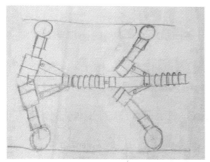
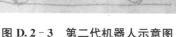
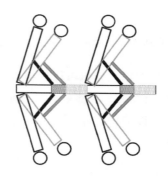

图 D.2-3 第二代机器人示意图　图 D.2-4 第二代机器人变径示意图

(一)驱动部分受力分析

① 静止时:如图 D.2-5,选某一车轮为研究对象。因为此时静止,则受力平衡,所以

$$N_2 = N_1 + G$$

② 移动时:如图 D.2-6,选某一车轮为研究对象。理想状态下,机器人匀速前进,则受力平衡。所以

$$F = f$$
$$N_1 + G = N_2$$

虽然支撑结构的受力分析对象为车轮,但车轮是转向轮还是驱动轮对于本受力分析无影响,故不一一分析了。

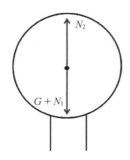
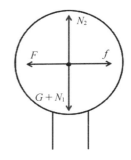

图 D.2-5 静止时侧视受力示意图　　**图 D.2-6 移动时侧视受力示意图**

由以上分析可以得出,选择支撑轮式机器人是较为稳定的。

(二)变径部分受力分析

设上传动杆与主体部分夹角为 θ,则下传动杆与主体部分夹角也为 θ。

① 管径变小时:如图 D.2-7,选弹簧为研究对象,理想状态下,弹簧自重忽略不计。当管径变小时,机器人受到管壁压力增大,促使机器人形变,上下传动杆对弹簧施加力,以完成自适应管径变化,则完成后受力平衡,所以

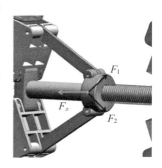

图 D.2-7 管径变小时侧视受力示意图

$$F_x = F_1 \cos \theta + F_2 \cos \theta$$

又因为 F_x 为弹簧弹力,所以

$$F_x = k \Delta x$$

因此,

$$\Delta x = (F_1 \cos \theta + F_2 \cos \theta)/k$$

可计算出变径部分可适应的管径变化理论上的最小值为 156 mm。

② 管径变大时：如图 D.2-8,选弹簧为研究对象,理想状态下,弹簧自重忽略不计。当管径变大时,机器人受到管壁压力减小,上下传动杆对弹簧施加的力减小,促使机器人复原,复原后受力平衡,所以

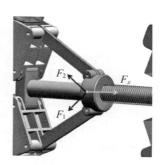

$$F_x = F_1 \cos\theta + F_2 \cos\theta$$

又因为 Fx 为弹簧弹力,所以

图 D.2-8 管径变大时侧视受力示意图

$$F_x = k\Delta x$$

因此,

$$\Delta x = (F_1 \cos\theta + F_2 \cos\theta)/k$$

可计算出变径部分可适应的管径变化理论上的最小值为 350 mm。

（三）本章总结

本章在理论上对于机器人的稳定性、可行性进行了分析,并计算得出了本机器人可适应的管径变化范围理论上为 156~350 mm,为下文机器搭建以及实验做了铺垫工作。

三、机器搭建

（一）整体简介

由于管道形状各异、管道内情况复杂,为了稳定运行以及自动越障,本机器人以轮式移动为主,总共分为三大部分：主体部分、驱动部分和变径部分。如图 D.3-1 所示。下文为更加直观明了地叙述机器搭建细节,故请相关技术人员制作了三维图片。

主体部分为一根定制金属棒。

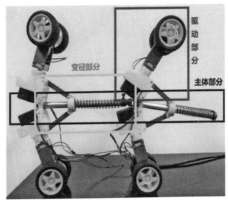

图 D.3-1　机器人整体示意图

图 D.3-2　驱动部分示意图

驱动部分为机器人提供转向能力和驱动能力,又分为驱动模块和转向模块:转向模块为机器人提供转向能力;驱动模块为机器人提供动能,如图 D.3-2。

变径部分,为辅助部分,给机器人提供适应管径变化的能力。

为了确保机器人的使用寿命长久,各大部分的连接皆选择了螺丝固定。

(二)材料与结构

1. 驱动部分

(1)转向模块

如图 D.3-3 所示,转向模块包含舵机、舵机固定座、转向传动杆以及转向固定件。舵机固定座通过销钉与模块连接件相连,并与主体部分相接,为舵机提供转向的支持力。舵机与固定座之间用螺丝固定,以保证舵机的稳定性,如图 D.3-4 所示。同时舵机通过转向传动杆与驱动模块相连,为机器人提供转向能力。转向固定件中含有两个标准轴承,以降低其转向过程中的摩擦系数。

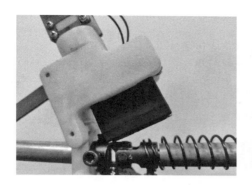

图 D.3-3　转向模块示意图　　　　　图 D.3-4　舵机示意图

　　当机器人在管道内部转弯时,靠前的上下两个舵机与电机同时驱动,为机器人提供转向动力。当管道直径远大于机器人直径时,靠近地面的两个舵机与电机同时驱动,为机器人提供转向动力,这一效果与汽车转弯系统产生的效果相似。如此可提升机器人对于不同类型管道的适应性。

　　当管道内壁附着障碍物时,上半部分的两个舵机同时运作,促使上半部分的两个车轮所在直线与管道平面的夹角发生变化,下半部分同理,使机器人在管道内进行整体旋转,避开管道内壁附着障碍物,如图 D.3-5 所示。

图 D.3-5　机器人避开管道内壁附着障碍物过程图

（2）驱动模块

如图 D.3-6 所示，驱动模块包含了车轮、驱动电机、电机固定架以及传动连接件。固定架通过螺丝固定在传动连接件上，以固定电机；传动连接件与传动杆以螺帽相连；电机与车轮为配套装置，直接连接即可，以实现本模块的驱动功能。

图 D.3-6　驱动模块示意图

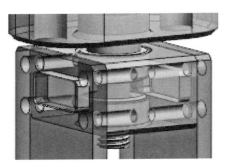

图 D.3-7　传动连接件示意图

2. 变径部分

如图 D.3-8 所示，变径部分包含传动杆、固定件和弹簧。传动杆、固定件形成了一个三角形。当管道内径变小时，管壁对机器人施加压力使三角形变形，机器人体积变小，如图 D.3-9。当管道内径

图 D.3-8　变径前部分示意图

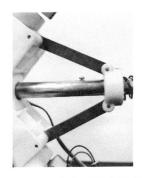

图 D.3-9　变径后部分示意图

变大时,弹簧会对三角形施加弹力,使三角形复原,机器人体积变大。保证了机器人在面对管径变化时的灵活性。

3. 主体部分

如图 D.3-10 所示,主体部分为一根定制金属棒、两个模块连接件以及一个连接件(图 D.3-10 中前弹簧后的部分)。连接件采用了类似火车车钩的原理,将万向节的一端用螺丝固定,为机器人提供了整体转向的能力。

图 D.3-10 主体部分示意图

(三)本章总结

本章对于机器人的各部分结构进行了详细的说明。首先介绍了机器人的总体设计方案,接着分别对机器人的转向模块、驱动模块、变径部分、主体部分进行了逐一阐述,解释了各个部件的工作原理以及其对应解决的问题。最后进行了本章总结。

四、控制系统的设计

(一)Arduino 控制板简介

Arduino 主板是一种单片机,它主要包括微处理器 CPU、存储器、输入/输出接口电路、系统总线。

Arduino 简化了单片机工作的流程,对 AVR 库进行了二次编译封装。其还可以通过各种各样的传感器来感知环境。这些措施大大降低了软件开发难度,因而适合本课题进行实用并控制管道机器。

此外,本课题还在 Arduino 主板上安装了一个 I/O 扩展板,便于连接电机以及蓝牙。

（二）超声波测距传感器

超声波是频率高于 20 K 赫兹的声波,其方向性好,穿透力强,易于获得较集中的声能。其原理简单,成本较低,在医学、军事、工业、农业上有广泛的应用。

图 D. 4 - 1　超声波测距传感器示意图

本课题中,利用超声波测距器传感器的优点,可以使机器人在管道内运动过程中对管道内部障碍物进行检测,以方便机器人越障的同时对管道进行巡检。

（三）无线蓝牙传输

为了方便对于机器人的控制,本课题使用 DF-BluetoothV3 蓝牙串口模块和手机,对于机器人进行控制。从而在对于机器人进行远程操控的同时降低了机器人的成本,提升了便捷性。

为了传输实时视频信号,本作品采用 Wi-Fi 摄像头进行传输,使技术人员在操控机器人的同时监测到管道内壁的状况,提升了实用的便利性。因为 Wi-Fi 技术目前已经十分成熟,可在有固定 Wi-Fi 基站信号的地方对于机器人进行远程监控。因而未来可以在极远的地方对机器人进行控制,不需要近距离操控。

图 D. 4 - 2　蓝牙模块示意图

（四）流程图

机器人的控制程序如图 D.4-3 所示。

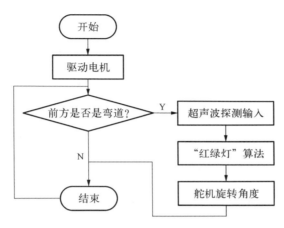

图 D.4-3 程序流程框图

首先,程序驱动机器人的电机;接着,程序启动红外线测距传感器,判断前方障碍状态,运行"红绿灯"算法,然后根据"红绿灯"的状态,相应地调整小车舵机旋转角度;最后结束程序。障碍判断和结束程序处于同一循环中。

（五）本章总结

总之,上述无线电子设备使本机器人更加自动化,避免了传统的使用复杂数据线的控制方式。

五、试验测试

（一）变径部分

目的:测定机器人管径自适应的变化范围、行驶时速度最值以及可负载重量(空地试验是对于管道直径远大于机器人直径情况的模拟)。

表 D-1 变径部分测试数据

试验环境	管道变径（mm）	次数	形状	负载重量（kg）	V_{max}（m/min）
空地	/	1	/	2	11.8
		2		/	15.4
水平管道	/	1	/	2	11.8
		2		/	15.3
	350->300	1	平滑	2	9.9
		2	平滑	/	10.3
		3	直角	2	7.5
		4	直角	/	8.1
	300->350	1	平滑	2	10.0
		2	平滑	/	11.2
		3	直角	2	7.9
		4	直角	/	8.6
	300->250	1	平滑	2	8.6
		2	平滑	/	9.3
		3	直角	2	7.1
		4	直角	/	7.9
	250->300	1	平滑	2	8.9
		2	平滑	/	9.4
		3	直角	2	8.2
		4	直角	/	8.8

图 D.5‑1　平滑变径形状

图 D.5‑2　直角变径形状

图 D.5‑3　空地试验示意图

（二）坡度

目的：测定机器人可适应管道坡角最值、可达到速度最值以及可负载重量。

表 D‑2　坡度测试数据

试验环境 （管径 mm）	负载重量 （kg）	次数	坡度（°）	V_{max}（m/min）
350	2	1	10	11.5
		2	15	10.9
		3	20	10.2
		4	25	9.4

试验环境 （管径 mm）	负载重量 （kg）	次数	坡度(°)	V_{max}（m/min）
350	/	1	10	16.1
		2	15	15.6
		3	20	14.7
		4	25	14.0
300	2	1	10	10.8
		2	15	10.4
		3	20	9.7
		4	25	9.6
	/	1	10	11.2
		2	15	11.0
		3	20	10.5
		4	25	10.2
250	2	1	10	9.8
		2	15	9.4
		3	20	8.6
		4	25	7.9
	/	1	10	10.7
		2	15	10.5

续　表

试验环境 （管径 mm）	负载重量 （kg）	次数	坡度（°）	V_{max}（m/min）
250	/	3	20	9.5
		4	25	9.1

图 D.5-4　坡度管道试验示意图 1　　　图 D.5-5　坡度管道试验示意图 2

（三）弯道

目的：测定机器人可适应弯管角度范围、可达到速度最值以及可负载重量（空地试验是对于管道直径远大于机器人直径情况的模拟）。

表 D-3　弯道测试数据

试验环境	弯管内角角度（°）	次数	负载重量（kg）	V_{max}（m/min）
空地	/	1	2	11.8
		2	/	16.4
水平管道	90	1	2	6.4
		2	2	6.9

续　表

试验环境	弯管内角角度(°)	次数	负载重量(kg)	V_{max}(m/min)
水平管道	90	3	2	失败
		4	/	7.9
		5	/	7.7
		6	/	8.1

图 D.5-6　弯道试验示意图 1　　图 D.5-7　弯道试验示意图 2

（四）避障

目的：测定机器人可越过管道内壁附着障碍体积、个数。

表 D-4　避障测试数据

试验环境（管径 mm）	负载重量（kg）	次数	管道内壁障碍物个数（个）	管道内壁障碍物形状	管道内壁障碍物长宽高(cm)		
350	2	1	1	一次性塑料杯	7.8	7.0	4.5
		2	2	一次性塑料杯	9.8	7.0	4.5

续　表

试验环境 （管径 mm）	负载 重量 （kg）	次数	管道内壁 障碍物 个数（个）	管道内壁 障碍物形状	管道内壁障碍物 长宽高（cm）		
350	/	1	1	一次性塑料杯	7.8	7.0	4.5
		2	2	一次性塑料杯	9.8	7.0	4.5
300	2	1	1	一次性塑料杯	7.8	7.0	4.5
		2	2	一次性塑料杯	9.8	7.0	4.5
	/	1	1	一次性塑料杯	7.8	7.0	4.5
		2	2	一次性塑料杯	9.8	7.0	4.5
250	2	1	1	一次性塑料杯	失败		
		2	2	一次性塑料杯			
	/	1	1	一次性塑料杯	7.8	7.0	4.5
		2	2	一次性塑料杯	9.8	7.0	4.5

图 D.5-8　避障试验示意图 1

图 D.5-9　避障试验示意图 2

（五）本章总结

经过在平直管道中的试验，我们可以得出：本机器人可以适应的管径变化范围是 250～350 mm；在变化管径时，机器人可达到的最大速度为空载时 11.5 m/min，有 1.5 kg 负载、在 300～350 mm 时，为 10.3 m/min。

因此，在平直管道中，本机器人速度变化差异小，稳定性较好，适应管径变化范围较大，且能够承载一定负载。

经过在有坡度管道中的试验，我们可以得出：本机器人可以适应的坡度变化范围是 0°～25°；在爬坡时，机器人可达到的最大速度为空载时 16.1 m/min，有 1.5 kg 负载、坡角为 10°时，为 11.5 m/min。

因此，在有坡度管道中，本机器人速度变化差异小，稳定性较好，适应坡度变化较大，且能够承载一定负载。

经过在弯管中的试验，我们可以得出：本机器人可以在管道内过弯；在过弯时，机器人可达到的最大速度为空载时 8.1 m/min，有 1.5 kg 负载时速度为 6.9 m/min。

因此，在弯管中，本机器人可以过弯，过弯能力强，速度变化差异小，稳定性较好，但是速度总体较慢；可以承载一定负载。

经过在管道中避障的试验，我们可以得出：本机器人可以在管道中避障；机器人空载时，在 250～350 mm 管道中，最多可以避过 2 个障碍物，障碍物体积最大为 $9.8 \times 7.0 \times 4.5$ cm^3；有 1.5 kg 负载时，在 300～350 mm 管道中，最多可以避过 2 个障碍物，障碍物体积最大为 $9.8 \times 7.0 \times 4.5$ cm^3；有 1.5 kg 负载时，在 250 mm 管道中，无法避障。

因此，本机器人可以在管道内径较大且有一定负载的情况下，越过管道内壁附着的一定障碍物，越障能力较强；但管道内径较小时，机器人无法避障。

六、结论与展望

（一）结论

本文介绍了本课题的来源和管道机器人的研究背景及意义，分析了现有管道机器人的不足之处，以此为目标研究设计了一款结构简单自适应管径巡检机器人。该机器人对于各种形式的管道，比如平直管道、坡道、弯管以及管径变化的管道，都有一定适应性，普遍性较高；同时，该机器人还可以通过旋转自身来越过管道内壁附着的一定障碍物。此外，该机器人通过蓝牙传输进行驱动控制，并通过 Wi-Fi 传输无线视频信号至手机对管道内环境进行实时监测，具有智能控制与通讯功能。如若该机器人大量生产，在减少生产成本的同时，可以提升管道巡检效率，更好地保护检修技术人员的安全。

（二）创新点

该机器人可适应管径变化范围较大。传统管道机器人可适应的管径变化范围为 50 mm，而本机器人可为 100 mm。

该机器人在拥有 100 mm 的自适应管径变化范围下，还可以攀爬 0°～25°有坡度的管道。

除了有坡度的、管径不同的管道，该机器人还可以在平直管道中转弯。

该机器人可以通过旋转自身来避开管道内壁附着的障碍物。

（三）展望

针对在竖直管道中移动的状况，对机器人进行调试，以增加其普遍性。

提升爬坡坡度，使机器人能够更好地适应各种管道。

该机器人在进入管道时，若管径小于机器人正常状态的直径，则需要人工放入。以及，对于在管道内壁附着障碍物，现阶段无法由机器人自动监测。针对这两点,对机器人结构进行适当调整,以使其更加自动化。

将该机器人产品化,加装一些功能模块,比如机械臂,让机器人具有一定功能,以使机器人可以大批生产。

参考文献

［1］谢惠祥.伸缩式管道机器人动力学建模与控制系统设计[D].国防科学技术大学,2009.

［2］徐洪,林潘忠,王扬渝.新型蠕动式管道机器人设计[J].江苏大学学报(自然科学版),2015,36(05):561-565.

［3］徐海钦,张宏伟,梅学雪,李啸云,张丽.一种伸缩支撑式双目无线管道探测机器人的设计与实现[J].科技资讯,2020,18(02):18-19+21.

［4］张保真,王战中,杨晨霞.新型履带式管道机器人变径机构动力学分析与仿真[J].石家庄铁道大学学报(自然科学版),2019,32(04):61-65+96.

［5］陈潇.管道内支撑式检测机器人运动控制与检测研究[D].武汉大学,2018.

［6］王辰忠.差动式自适应管道机器人的设计与研究[D].沈阳理工大学,2016.

［7］李若松.一种混合驱动管道机器人的设计与研究[D].燕山大学,2019.

［8］水龙.链式多单元管道机器人动力学特性研究[D].哈尔滨工业大学,2013.

［9］徐宝东.支撑轮式城市燃气管道机器人结构优化与运动特性研究[D].北京石油化工学院,2015.

［10］刘彩霞,龚德利.螺旋轮式小型管道机器人控制系统的设计[J].上海应用技术学院学报(自然科学版),2014,14(01):37-40+46.

［11］刘清友,李雨佳,任涛,陈永华.主动螺旋驱动式管道机器人[J].机器人,2014,36(06):711-718.

互动机器人乐队

作者：徐迪

一、引言

　　说起乐队，人们一般会联想到委婉动听的管弦乐队，气势磅礴的交响乐队，还有热情洋溢的摇滚乐队。然而今天要向你介绍的是一支独一无二的乐队。这支乐队演奏的乐器有电子琴、鼓、吉他，但这些乐器的演奏者不是人而是机器人。没错，这是一支机器人乐队，而且是一支能相互配合且能与人互动的机器人乐队。

二、创意来源

　　几个月前，我参观了上海科技馆。在机器人展区内，我被一个弹钢琴的机器人吸引住了。这个机器人大小外形和人相仿，它的手指可以灵活地弹钢琴，脚还可以踩踏板。但经过长时间的观察，我觉得只有钢琴太单调了，最好有一支机器人乐队，这样就可以演奏各种各样的乐器，达到更好的演奏效果。

　　这时，我又想到了日本科学家制作的

图 E-1　弹钢琴的机器人

机器人乐队,与眼前的机器人相比较,我感到中国在机器人开发与应用方面还有待提高。所以,我想作一些尝试,探索一下能否用简单的材料制作出一支机器人乐队,希望有一天可以与日本的机器人乐队一较高下。

图 E-2　日本机器人乐队

三、预期目标

能较完整地组成一支机器人乐队。

机器人乐队中的每个机器人都能演奏:电子琴手应能正确地弹奏每个音符,可以弹奏和弦、按白键和黑键、力度有轻有重;鼓手击打3个鼓要有较好的配合,节奏感强烈;吉他手应能弹拨琴弦和按琴弦。

三个机器人既要能够互相配合演奏音乐,又能通过语音、视觉识别等系统与外界沟通。

编程应尽量简单。

四、功能介绍和工作原理

互动机器人乐队由电子琴手、鼓手和吉他手组成。

电子琴手和人一样有十根"手指",通过沿轨道左右移动,可以弹到所有琴键。为了精确控制移动的距离,我采用了角度传感器和光电传感器的双探测技术。我还使用了 PWM 技术来改变电机的功率,使它在弹琴时力度有轻有重(共 5 档功率),鼓手和吉他手也有此功能。另外,由于电子琴手的"手指"由独立的电机驱动,所以它可以弹奏和弦。

制作鼓手时,我使用了较多的单片机和 DC 电机材料,鼓手上的三根鼓棒分别击打三个鼓。

吉他手由三个连接着塑料拨片的电机组成。当电机运行时,转动的塑料拨片会拨动琴弦,从而弹出声音。我还设计了一套可以控制电机旋转角度的系统,解决了电机旋转的误差问题。

机器人乐队的三个机器人可以利用红外线互相通信,因此可以配合演奏音乐。值得一提的是,我的机器人乐队可以通过语音识别系统和人互动,它能对人说的话做出应答。我还设计了一个简单的人机交互界面,使没有专业编程知识的人也能方便地通过语音输入

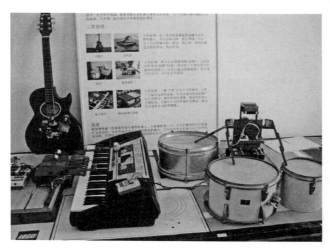

图 E-3　互动机器人乐队全貌

为机器人乐队编程。语音输入时,只需说出音符唱名(如 do、re),再加上音符时值(如一拍、半拍),系统就会自动输入相应程序代码。

(一)电子琴手

表 E-1　电子琴手的功能和所用技术

实现的功能	运用的技术
可左右移动	底部是一个装有齿条的轨道
精确控制左右移动距离	光感、角度传感器双探测技术
弹琴时力度有轻有重	用 PWM 改变电机功率
和弦	由独立电机驱动
可与其他机器人配合	利用红外线传输信息

图 E-4　电子琴手侧俯视图

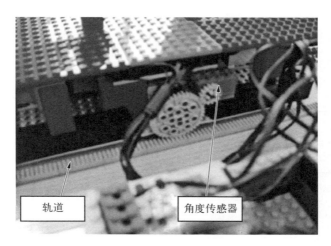

图 E-5　电子琴手结构图

　　电子琴手和人类一样有十根"手指",但不要以为它就只能弹十个琴键。因为它的底部是一个装有齿条轨道的底座,它可以沿轨道左右移动,从而弹到所有的琴键。为了精确控制移动的距离,我采用了角度传感器和光电传感器的双探测技术。角度传感器可以测量电机的转动角度,光电传感器则位于黑键的上方,专门探测移动过的黑键数量。将两种传感器结合起来,可以减小误差,降低环境的影响,实现精确控制。

　　你也许想到了这样一个问题:人在弹奏电子琴时力度有轻有重,机器人可以吗?当然行!为此我使用了脉冲宽度调制(PWM)技术来改变电机的功率。当我连续施加 9 V 电压到电机上时,电机以最大功率运行;当我施加一串负载周期为 50% 的脉冲到电机上时,意味着电机只有 50% 的时间被施加了 9 V 电压,相当于电机以 4.5 V 电压运行。同样,再减小脉冲宽度可以进一步减小电机功率。这样一来,不同大小的功率可以使机器人以不同的力度弹琴。

另外,由于电子琴手的"手指"由独立的电机驱动,它可以弹奏和弦。

(二)鼓手

表 E-2　鼓手的功能和所用技术

实现的功能	运用的技术
多根鼓棒同时击鼓	程序上使用多任务分支
控制较多的电机(5个)	RCX 和单片机双控制
打鼓时力度有轻有重	用 PWM 改变电机功率
可与其他机器人配合	利用红外线传输信息

图 E-6　鼓手全景图

制作鼓手时,我使用了较多的单片机和 DC 电机材料。考虑到编程和控制的需要,鼓手中使用了一个 RCX。这个鼓手我采用了

图 E-7 鼓手正视图

RCX 和单片机的双控制,这样便于鼓手和其他机器人通信。鼓手装有三根鼓棒,分别击打三个鼓。为了使鼓手能在同一时间击打多个鼓,在编程时我使用了多任务分支的结构,让机器人同时执行多个任务。

（三）吉他手

表 E-3 吉他手的功能和所用技术

实现的功能	运用的技术
控制电机旋转角度	自行设计的电机定位装置
拨弦时力度有轻有重	用 PWM 改变电机功率
可与其他机器人配合	利用红外线传输信息

图 E-8　吉他手正视图

图 E-9　吉他手侧俯视图

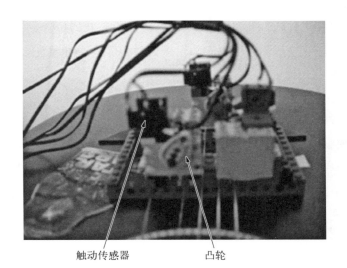

触动传感器　　　　　凸轮

图 E‑10　吉他手结构图

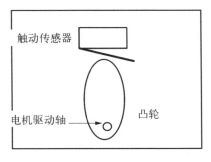

触动传感器

凸轮

电机驱动轴

图 E‑11　电机定位装置示意图

吉他手由三个连接着塑料拨片的电机组成。当电机运行时，塑料拨片也会转动，它的一端会恰好碰到琴弦，弹出声音。但有一个问题：电机的旋转角度不能精确控制，而且一般的角度传感器重复定位的精度太差，会造成吉他手不能连续弹琴。

为解决这一问题，我设计了一个由凸轮和触动传感器组成的装置,当凸轮接触到触动传感器时,塑料拨片位于起始位置。在电机旋转的过程中虽有误差,但每次凸轮碰到触动传感器时误差就清零了。

（四）红外线通信系统

为了使机器人乐队的三位"音乐家"能互相配合演奏音乐,我使用了红外线通信的技术。以电子琴手和鼓手的配合为例:首先电子琴手独奏,需要鼓手配合时它向鼓手发出一个红外线信息,鼓手接收信息后就开始演奏,当演奏完毕,就反馈给电子琴手一个红外线信息,电子琴手就知道鼓手已演奏完毕。

（五）语音识别系统

机器人乐队有语音识别的功能（对人的话做出应答）。借助于微软公司开发的中文语音识别引擎以及基于这个引擎开发的双龙语音识别软件,可对由麦克风输入的声音信号进行识别。但双龙语音识

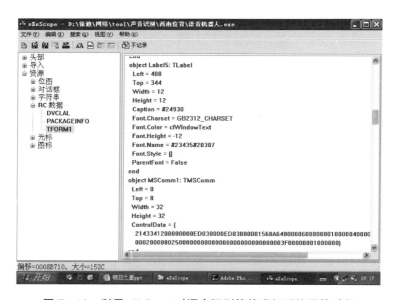

图 E-12　利用 eXeScope 对语音识别软件进行反编译的过程

别软件并不符合我的要求，于是我利用 eXeScope 对软件进行了反编译，修改了其中的属性、参数、连接文件，使之达到了我的要求。

（六）编程软件

我以 NQC 语言（not quite C，一种类似于 C 语言的编程语言）的编译器 Bricx Command Center 为基础，设计了一个编程界面。在编程时有两种模式可供选择：手动输入和语音输入。对于不太复杂的程序，语音输入可以满足编程需要。如果是语音输入，则编程者完全不需要懂专业的编程知识，只要懂一些乐理就行。那就是说，只要编程者说出音符唱名和音符时值，系统就会自动输入相应代码。还有一点要注意，由于语音输入软件以中文识别引擎为基础，只能识别中文，音符名并不能识别，所以我用一个近似的中文发音代替音符名称，如用"多"代替 do，用"拉"代替 la 等，输入时念中文。

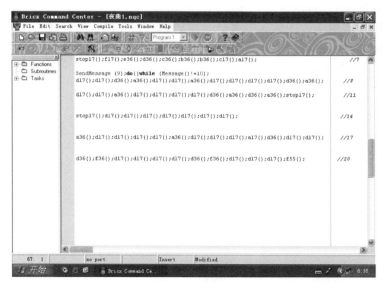

图 E-13　语音编程输入界面

五、意义与应用

机器人乐队的本质是利用机械结构对人类演奏乐器的行为进行模仿,所以属于一种特殊用途的仿人机器人,从这个角度来说,它具有一定的科学研究意义,也可以被应用到科技教育等方面。

1. 科技教育应用

互动机器人乐队的技术含量较高,它包含了机械、电子、计算机软件等方面的技术。互动机器人乐队对普通大众来说较之于一般的机器人有更大的吸引力,这种吸引力可激发他们的求知欲。这对于提高大众的科学素质有很大帮助。

2. 用于辅助编程学习

互动机器人乐队的编程使用的是 NQC 语言,这是一种基于 C 语言改编的语言,所以非常类似于 C 语言。对于 C 语言的初学者,可以通过给机器人乐队编程来学习 C 语言。而且因为编程完成后可以直接下载到机器人上运行,这可以大大提高学习者的学习兴趣。

3. 用于音乐教育

机器人演奏音乐有其优越性,如它的演奏时每个音符的时间长短可精确控制(精确到 0.01 秒)。利用这一特性,可让机器人为人伴奏,为人提供一个标准的演奏时间。这可以帮助人们提高音乐的演奏水平。